S

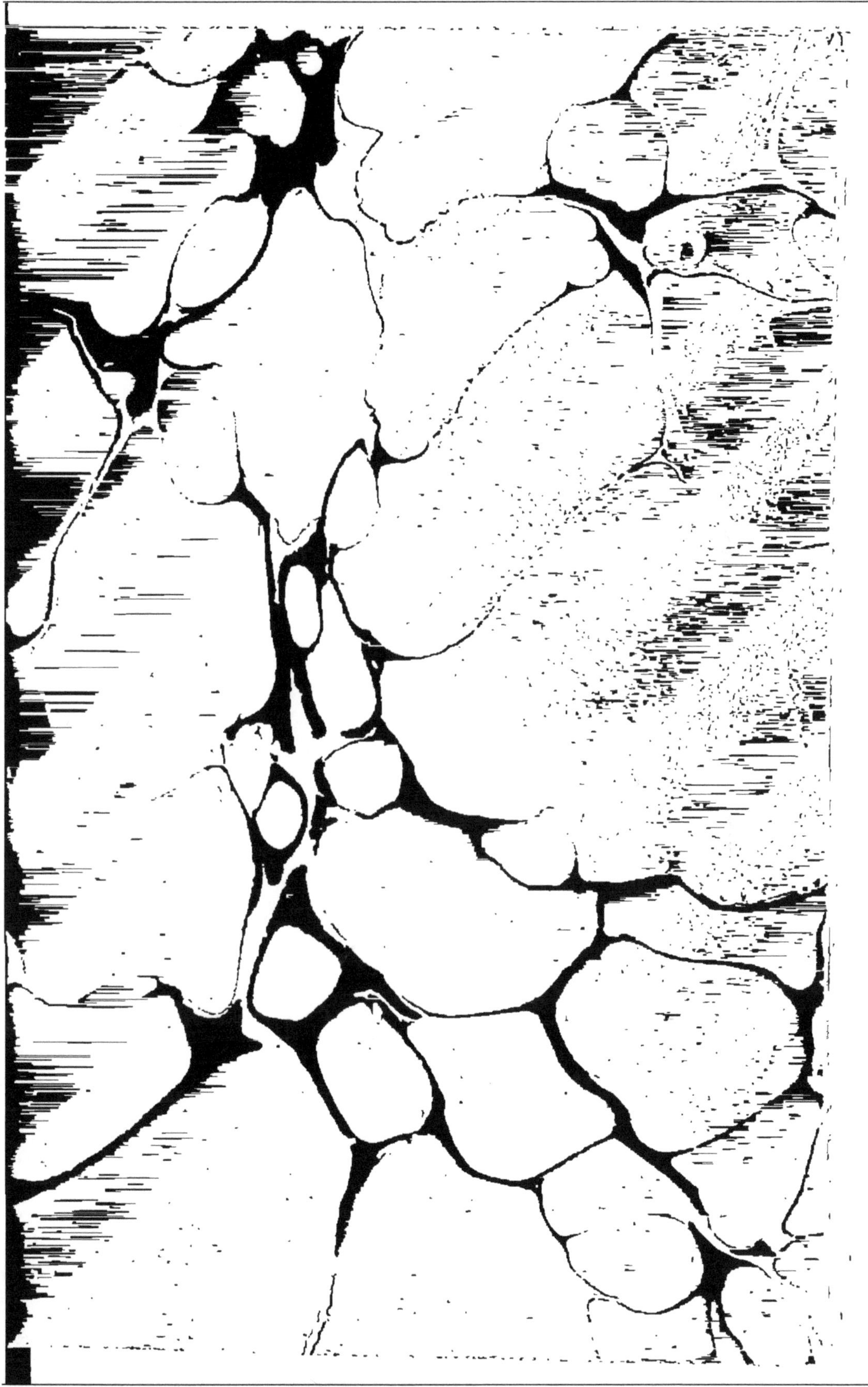

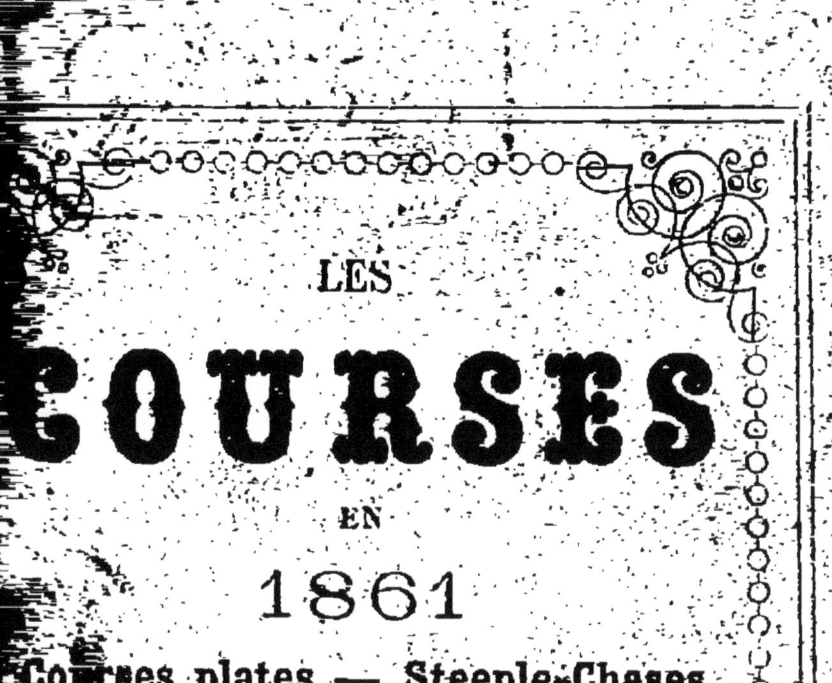

LES
COURSES

EN

1861

Courses plates — Steeple-Chases
Courses au trot

PRIX : 2 FRANCS

EN VENTE

AU BUREAU DU JOURNAL DES HARAS
50, rue de la Chaussée-d'Antin

PARIS

LES COURSES

EN 1861

PARIS. — TYPOGRAPHIE MORRIS ET COMP.,

rue Amelot, 64.

LES

COURSES

EN

1861

Courses plates. — Steeple-Chases

Courses au trot.

—

PRIX : **2** FRANCS.

—

EN VENTE

AU BUREAU DU JOURNAL DES HARAS

Rue de la Chaussée-d'Antin, 50

PARIS

LIEUX DES COURSES

CITÉS DANS CE VOLUME

VIII   **LIEUX DES COURSES**

COURSES EN 1861

PAU

Dimanche 7 avril.

PRIX DE L'EMPEREUR. 1,640 fr. (*a*) pour chevaux de 3 ans et au-dessus, du Midi. 2,400 m.

Bissextil, par Malton, 5 ans, 67 k. (C. Brown). . . . . 1.

Plaisir-des-Dames, 3 ans, 49 k. (T. Williams). . . . . 2.

Lord-Spleen, 6 ans, 68 k. 1/2 (H. Cutler). . . 0.

Pilgrim, 5 ans, 67 k. (Burns). . . . . 0.

Poésie, 3 ans, 47 k. 1/2 (J. Dean). . . . . . . 0.

Gagné d'une demi-longueur.

(*a*) Montant du prix, déduction faite de l'entrée du vainqueur . . . .

PRIX DE FONDS 590 fr.; au 2ᵉ (*a*), 190 fr.; au 3ᵉ, 70 fr. (*b*); pour chevaux de demi-sang, de 3 ans et au-dessus. 6,000 m.

Octava, par Loto âgée .... 1.
Jessica, 4 ans .... 2.
Grog, âgée .... 3.
    Battant cinq autres concurrents.

POULE D'ESSAI. 3,562 fr. 50 c.; au 2ᵉ, 350 fr.; pour chevaux de 3 ans, du Midi. 2,000 m.

Bouillabaisse, par Saint-Germain, 47 k.
   1/2 (H. Jordan fils).................. 1.
Encore-Un, 49 k. (C. Brown)........... 2.
Sans-Vanité, 49 k. (Charrett)........... 3.
Saïb, 49 k. .... 0.
Miseria, 47 k. 1/2.................... 0.
Querida, 47 k. 1/2................... 0.
Fredaine, 47 k. 1/2.................. 0.
Miramon, 49 k. .... 0.
Fanny, 47 k. 1/2.................... 0.
    Gagné d'une longueur.

PRIX DU DÉPARTEMENT. 1,070 fr.; au 2ᵉ, 380 fr.; pour chevaux de 3 et 4 ans, du Midi. 2000 m.

Jupiter, 3 ans...................... 1.
Casiel, 3 ans...... .... 2.
Labatusky, 3 ans................... 0.
    Gagné très-facilement.

(*a*) Montant de la somme revenant au 2ᵉ, réduction faite de son entrée.
   (*b*) Id. pour ce qui revient au 3ᵉ.

Dimanche 14 avril.

OMNIUM. 2,050 fr. pour chevaux de 3 ans et au-dessus, du Midi. 2,200 m.

Bissextil, par Malton, 5 ans, 62 k. (C. Brown)   1.
Plaisir-des-Dames, 3 ans, 45 k. 1/2 (T.
   Williams)..........................   2.
Saïb, 3 ans, 47 k. 1/2.....................   0.
Sans-Vanité, 3 ans, 45 k. 1/2.............   0.
Querida, 3 ans, 44 k......................   0.
Sylvie, 4 ans, 58 k.......................   0.
Jupiter, 3 ans, 45 k. 1/2.................   0.
   Gagné faciiement.

PRIX PRINCIPAL. 2,500 fr. pour chevaux de 3 ans et au-dessus. 3,000 m.

Dame-de-Compagnie, par Pédagogue, 4
   ans, 58 k. 1/2 (T. Williams)..........   1.
Poésie, 3 ans, 47 k. (Dean) ....   2.
Fougère, 4 ans, 58 k. 1/2 (D. Ellam).....   3.
   Gagné d'une demi-longueur.

PRIX A RÉCLAMER. 1,250 fr.; au 2ᵉ, 50 fr.; pour chevaux de 3 ans et au-dessus. 2,100 m.

Lord-Spleen, par Ionian, 6 ans (2,000 fr.),
   59 k. (H. Cutler).....................   1.
Chalusset, 5 ans (4,000 fr.), 62 kil. (C.
   Brown)................................   2.
Ionius, 4 ans (1,000 fr.), 52 k..........   0.
Médaille, 3 ans (2,000 fr.), 46 k. 1/2....   0.
Nelly, 6 ans (1,500 fr.), 54 k. 1/2.......   0.
   Gagné de deux longueurs.

BORDEAUX

Jeudi 18 avril.

PRIX DÉPARTEMENTAL. 2,000 fr. pour chevaux de 3 ans et au-dessus. 2,000 m.

Mademoiselle - Jenny, par Nunnykirk,
4 ans, 58 k. 1/2 (Middleditch)........ 1.
Victorine, 3 ans, 49 k. 1/2 (W. Wheeler).. 2.
Grippe-Sou, 3 ans, 51 k. (C. Brown)..... 3.
Gagné très-facilement.

PRIX SPÉCIAL. 2,000 fr. pour chevaux de 3 ans. 54 k. 2,000 m.

Bouillabaisse, par Saint-Germain (H. Jordan fils).................................... 1.
Minos (Burns) .... 2.
Mousquetaire (Hearnden)................... 3.
Sans-Vanité (H. Cutler) .... 4.
Arcole (D. Ellam)......................... 5.
Nana-Saïb (Duval)......................... 0.
Poésie (J. Dean) .... 0.
Carabine (W. Hardy)....................... 0.
Hornet (Prunet)........................... 0.
Ethon (Ribière)........................... 0.
Plaisir-des-Dames (T. Williams)........... 0.
Pourquoi-Pas (C. Brown)................... 0.
Gagné d'une longueur.

OMNIUM. 2,350 fr.; au 2e 350 fr.; pour chevaux de 3 ans et au-dessus. 2,300 m.

Bissextil, par Malton, 5 ans, 66 k. (C.
  Brown)............................... 1.
Memorial, 4 ans, 55 k. (W. Hardy)...... 2.
Saïb, 3 ans, 47 k. (Burns)............. 3.
Faugeras, 4 ans, 58 k. (D. Ellam)....... 0.
Endetcha, 4 ans, 55 k. (W. Ludlam).... 0.
Cyllarus, 4 ans, 55 k. (Ribière)......... 0.
  Gagné très-facilement.

PRIX DU BOUSCAT. 1,100 fr. pour chevaux de
4 ans et au-dessus. 2,500 m.

Chalusset, par Ionian, 5 ans, 62 k. (C.
  Brown)............................... 1.
Lord-Spleen, 6 ans, 62 k. (H. Cutler)... 2.
Fitness, 4 ans, 50 k. 1/2 (L. Duval)...... 3.
  Gagné de deux longueurs.

Dimanche 21 avril.

PRIX DES PAVILLONS. 2,250 fr.; au 2e, 250 fr.;
pour chevaux de 4 ans et au-dessus. 3,000 m.

Merlin, par Sting, 4 ans, 61 k. (Burns)... 1.
Sylvio, 4 ans, 55 k. (Simpson)........... 2.
Fanning, 5 ans, 58 k. (Middleditch)...... 3.
Memorial, 4 ans, 52 k. (Hearnden).... . 4.
  Gagné d'une demi-longueur.

PRIX DE L'EMPEREUR. (*Poule des produits.*)
10,800 fr.; au 2e, 700 fr.; pour chevaux de 3
ans, du Midi. 2,100 m.

Beau-Sire par Womersley (W. Hardy)..... 1.
Barbe-d'Or (Hearnden)................... 2.
Arcole (D. Ellam)....................... 3.

Encore-Un (Ludlam) . . . . 0.
Grippe-Sou (Middleditch). . . . . 0.
Victorine (W. Wheeler). . . . . 0.
Cadet-Roussel (H. Cutler). . . . . 0.
    Gagné facilement.

PRIX DU VIGEAN. 2,300 fr. pour chevaux de 3 ans et au-dessus. 1,500 m.

Bissextil, par Malton, 5 ans, 65 k. (C. Brown) . . . . 1.
Mousquetaire, 3 ans. 50 k. (Hearnden). . 2.
Mlle-Jenny, 4 ans, 55 k. 1/2 (Staples) . 3.
La-Boulangère, 3 ans, 48 k. 1/2 (Prunet). 0.
Fitness, 4 ans, 55 k. 1/2 (L. Duval). . . . . 0.
Nana-Saib, 3 ans, 50 k. (Simpson). . . . . 0.
    Gagné très-facilement.

PRIX DES HARAS. 2,275 fr.; au 2e, 275 fr.; pour chevaux de 3 ans et au-dessus, du Midi et de l'Ouest. 2,100 m.

Pilgrim, par Sting, 4 ans, 65 k. (W. Ludlam) . . . . 1.
Faugeras, 4 ans, 60 k. (D. Ellam). . . . . . 2.
Tard-Venu, 5 ans, 63 k. (J. Maxted). . . . 0.
Polichinelle, 3 ans, 49 k. 1/2 (Hearnden). 0.
    Gagné facilement.

COURSE DE HAIES. 900 fr. pour tous chevaux. 2,200 m., 6 haies.

Bièvre, par Pedagogue ou Elthiron, 5 ans, 69 k. 1/2 (M. le capitaine Hunt). . . . . 1.
Braconnier, âgé, 67 k. 1/2 (le propriét.). 2.
Princesse-de-la-Paix, 5 ans, 72 k. 1/2

(P. Birée)...................................... 3.
Charlatan, 4 ans, 67 k. 1/2 (L. Lefur)... 0.
Ben-Leil, 5 ans, 70 k. 1/2 (R. Agates).... 0.
    Gagné facilement.

Jeudi 25 avril.

PRIX PRINCIPAL. 3,000 fr. pour chevaux de
3 ans et au-dessus. 3,000 m.

Arcole, par Hernandez, 3 ans, 48 k. 1/2
    (Swaffham)................................. 1.
Pilgrim, 5 ans, 67 k. (W. Ludlam)..... 2.
Memorial, 4 ans, 65 k. (W. Hardy)..... 3.
Fürens, 6 ans, 65 k. 1/2 (H. Cutler)...... 0.
Dame-de-Compagnie, 4 ans, 61 k. 1/2 (G.
    Elsdon).................................... 0.
Faugeras, 4 ans, 60 k. (C. Brown)...... 0.
Fougère, 4 ans, 58 k. 1/2 (D. Ellam).... 0.
Tintamarre, 4 ans, 60 k. (Hearnden).... 0.
Poésie, 3 ans, 47 k. (J. Dean)........... 0.
    Gagné très-facilement.

DERBY DU MIDI. 17,200 fr.; au 2e 700 fr. pour
chevaux de 3 ans. 54 k.; 2,200 m.

Beau Sire, par Womersley (W. Hardy).. 1.
Barbe-d'Or (Hearnden)................... 2.
Bouillabaisse (H. Jordan fils)........... 3.
Minos (D. Ellam) .... 0.
Encore-Un (W. Ludlam).................. 0.
Ginevra (Staples) .... 0.
Carabine (Mizen)........................ 0.
Récompense (G. Elsdon).................. 0.
    Gagné facilement.

PRIX DU MIDI ET DE L'OUEST. 2,300 fr.; au 2ᵉ 100 fr.; pour chevaux de 4 ans et au-dessus. 4,500 m.

Fanning, par Nautilus, 5 ans, 56 k. (Middleditch)... 1.
Chalusset, 5 ans, 59 k. (C. Brown)........ 2.
Merlin, 4 ans, 48 k. (Burns)............... 3.
Tard-Venu, 5 ans, 58 k. (Staples)......... 0.
     Gagné très-facilement.

COURSE DE GENTLEMEN. Un objet d'art de la valeur de 2,000 fr., et 150 fr., pour chevaux de 3 ans et au-dessus. 2,500 m.

Braconnier, par Balthazar, âgé, 77 k. (le propriétaire)................................ 1.
Lord-Spleen, 6 ans, 77 k. (le propriétaire). 2.
Sylvio, 4 ans, 74 k. (M. N. Johnston)... 3.
Jupiter, 3 ans, 62 k. 1/2 (M. de Vanteaux). 0.
     Gagné d'une tête.

PRIX DE LA VILLE. 2,750 fr.; au 2ᵉ, 250 fr., pour chevaux de 3 ans et au-dessus. 3,000 m.

Bissextil, par Malton, 5 ans, 63 k. (C. Brown).. 1.
Sylvio, 4 ans, 60 k. (W. Ludlam)......... 2.
     Gagné facilement.

Dimanche 28 avril.

HANDICAP DES CHEMINS DE FER. 2,900 fr.; au 2ᵉ, 150 fr.; pour chevaux de 3 ans et au-dessus. 2,100 m.

Minos, par Sting, 3 ans, 55 k. (Burns)... 1.
Pilgrim, 5 ans, 69 k. (W. Ludlam)...... 2.
Carabine, 3 ans, 48 k. 1/2 (Hearnden)... 3.
Jupiter, 3 ans, 48 k. 1/2 (W. Wheeler).. 0.
Miss-Letty, 4 ans, 52 k. (Rayner)........ 0.
Miseria, 3 ans, 47 k. 1/2 (J. Dean) ..... 0.

PRIX IMPÉRIAL. 4,000 fr. pour chevaux de 4 ans et au-dessus. 4,500 m.

Noble, par Saint-Germain ou Nunnykirk,
   6 ans, 65 k. (D. Ellam)............... 1
Rioter, 4 ans, 55 k. (W. Boldrick)........ 2.
Papillote, 5 ans, 58 k. (G. Abray)........ 3.
   Gagné facilement.

PRIX A RÉCLAMER. 1,300 fr. pour chevaux de 3 ans et au-dessus. 2,000 m.

Chalusset, par Ionian, 5 ans (1,500 fr.),
   61 k. 1/2 (C. Brown)............... 1.
Lord-Spleen, 6 ans (2,000 fr.), 63 k. 1/2
   (H. Cutler)....................... 2.
Médaille, 3 ans (1,500 fr.), 48 k. (Hearnden) 3.
   Gagné d'une encolure. Le gagnant a été réclamé par son propriétaire pour 2,111 fr. 95 c.

PRIX DU PRINTEMPS. 1,350 fr. pour chevaux de 3 ans et au-dessus, du Midi. 2,100 m.

Mousquetaire, par Minotaur, 3 ans, 51 k.
   (H. Jordan fils)................... 1.
Bissextil, 5 ans, 68 k. (C. Brown)........ 2.
Miramont, 3 ans, 51 k. (Staples)......... 0.
   Gagné d'une encolure.

PARIS

Réunion du Printemps

Dimanche 21 avril.

LA BOURSE. 1,700 fr. pour chevaux de 3 ans et au-dessus. 2,200 m.

Rosière par Ion, 4 ans, 55 k. 1/2 (Kitchener)............................... 1.
Vexin, 4 ans, 57 k. (G. Pratt)......... 2.
Gisa, 4 ans, 55 k. (C. Pratt).......... 0.
Lilas, 3 ans, 45 k. 1/2 (J. Forster)....... 0.
Audacieuse, 3 ans, 45 k. 1/2 (Bundy)... 0.
Georges, 4 ans, 57 k. (A. Watkins)...... 0.

Paris : 5/4 pour Gisa, 5/2 contre Vexin, 4/1 contre Rosière, et 6/1 contre Audacieuse.

Gagné de deux longueurs.

PRIX SPÉCIAL. 2,500 fr.; au 2ᵉ, 500 fr. pour chevaux de 3 ans. 2,000 m.

Grabuge, par Castor, 55 kil. (Flatman) .. 1.
Beau-Séjour, 55 k. (Mundy)............ 2.
Avalanche, 53 k. 1/2 (C. Pratt)......... 3.
Scaramouche, 55 k. (J. Bartholomew)... 0.
Caresse, 53 k. 1/2 (Kitchener).......... 0.
Je-n'y-compte-pas, 53 k. 1/2 (J. Watkins).. 0.
Princesse-Royale, 53 k. 1/2 (J. Forster).. 0.
Tingapore, 55 k. (Chifney)............. 0.
Pilote, 55 k. (A. Watkins)............. 0.
Printanier, 55 k. (G. Pratt)............ 0.

Novella, 53 k. 1/2 (T. Osborne)......... 0.

Paris : 5/2 contre Printanier, 3/1 contre Grabuge. 3/1 contre Avalanche, 6/1 chaque contre Beau-Séjour, et Pilote, 8/1 chaque contre Novella et Caresse.

Gagné de trois quarts de longueur.

PRIX DU CADRAN. 6.850 fr.; au 2ᵉ, 300 fr.; pour chevaux de 4 ans. 54 k. 4,200 m.

Prétendant, par Faugh à Ballagh (A. Watkins)....................... 1.
Capucine (Spreoty)....................... 2.
Surprise (C. Pratt)....................... 3.
Aboukir (Chifney)....................... 4.

Paris : 6/4 pour Prétendant et Surprise, couplés. Gagné de deux longuenrs.

PRIX DE LA VILLE DE PARIS. 5,800 fr.; au 2ᵉ, 1,466 fr. 66 c.; au 3ᵉ, 733 fr. 33 c., pour chevaux de 3 ans et au-dessus. 2,200 m.

La Diva, par Cossack, 3 ans, 44 k. (Kit-chener)....................... 1.
Panique, 3 ans, 44 k. (Clarke)........... 2.
Pierrefonds, 4 ans, 59 k. (C. Pratt)..... 3.
Gustave, 4 ans, 59 k. (Ashmall)........ 0.
Angus, 3 ans, 45 k. 1/2 (J. Forster)..... 0.
Pamplemousse, 3 ans, 45 k. 1/2 (G. Pratt). 0.
Jambe-d'Argent, 3 ans, 45 k. 1/2 (A. Watkins)....................... 0.

Paris : 2/1 contre La-Diva, 5/2 contre Jambe-d'Argent, 3/1 contre Gustave, 5/1 contre Angus et 8/1 contre Panique.

Gagné d'une tête. Une demi-longueur entre le second et le troisième.

PRIX DE LONGCHAMPS (*Poule des produits*). 5,050 fr.; au 2ᵉ, 100 fr., pour chevaux de 3 ans, produits d'étalons indigènes. 2,500 m.

Good-By, par Saint-Germain (C. Pratt)..   1.
Compiègne (A. Watkins).................   2.
Fusée (T. Osborne).....................   0.
Bowlaway (W. Carter) ....   0.
Diable-au-Corps (Kitchener)..........   0.
Allons-Donc (J. Watkins) ....   0.

Paris : 6/4 chaque contre Good-By et Compiègne , 4/1 contre Fusée et 6/1 contre Diable-au-Corps. Gagné facilement.

Dimanche 28 *avril.*

PRIX DE BOULOGNE. 3,800 fr. pour chevaux de 3 ans et au-dessus. 3,000 m.

Passiflore, par Assault, 3 ans, 45 k. 1/2 (A. Watkins)...........................   1.
Euryanthe, 3 ans, 45 k. 1/2 (Kitchener).   2.
Peau-Rouge, 3 ans, 47 k. (J. Forster)...   3.
Page, 6 ans, 64 k. 1/2 (H. Lamplugh)...   0.
Wedding, 5 ans, 63 k. (C. Pratt).......   0.
Viroflay, 4 ans, 60 k. (T. Osborne)......   0.
Orlandino, 4 ans, 60 k. (T. Williams)...   0.
Propre-à-Rien, 4 ans, 60 k. (Flatman)..   0.
Apremont, 4 ans, 60 k. (Chifney).......   0.
Vexin, 4 ans, 60 k. (G. Pratt).........   0.
La-Filleule, 5 ans, 63 k. (J. Watkins)..   0.

Porte-Respect, 4 ans, 58 k. 1/2 (Mundy).   0.
Bowlaway, 3 ans, 47 k. (W. Carter)....   0.

Paris : 5/2 contre Viroflay, 3/1 contre Wedding, 5/1 contre Vexin, 6/1 contre La-Filleule, 7/1 contre Euryanthe et 10/1 contre Passiflore. Gagné d'une demi-longueur.

TROISIÈME PRIX BIENNAL (2e année). 3,850 fr.; au 2e, 350 fr.; pour chevaux de 4 ans. 60 k. 3,200 m.
Pauvre-Hère, par Y. Lanercost, 57 k. 1/2 (Flatman).................................   1.
Faustine, 56 k. (C. Pratt) ....   2.
Horoscope, 57 k. 1/2 (Chifney)..........   0.
Gisa, 56 k. (A. Watkins)...............   0.
Tracktir, 56 k. (Greenwood)............   0.
Dame-de-Compagnie, 56 k. (T. Williams).   0.

Paris : Egalité pour Pauvre-Hère, 3/1 contre Faustine et 5/1 contre Dame-de-Compagnie. Gagné de deux longueurs.

PRIX PRINCIPAL. 4,500 fr.; au 2e, 500 fr.; pour chevaux de 3 ans. 2,000 m.
Jambe-d'Argent, par Castor, 55 k. (A. Watkins).................................   1.
Isabella, 53 k. 1/2 (C. Pratt)..........   2.
Grabuge, 55 k. (Flatman)................   3.

Paris : 6/4 contre Isabella, 2/1 contre Grabuge et 4/1 contre Jambe-d'Argent. Gagné d'une encolure.

GRAND PRIX DE L'IMPÉRATRICE. 15,900 fr.; au

2°, 900 fr.; pour chevaux de 4 ans et au-dessus. 5,000 m.

Mon-Etoile, par Fitz-Gladiator, 4 ans, 58 k. 1/2 (Spreoty)...................... 1.
Pierrefonds, 4 ans, 60 k. (C. Pratt)...... 2.
Gouvieux, 6 ans, 67 k. 1/2 (J. Cassidy)... 0.
Lysiscote, 5 ans, 63 k. 1/2 (A. Watkins). 0.
Gustave, 4 ans, 60 k. (Ashmall)......... 0.

Paris : 5/4 pour MonEtoile, 3/1 contre Pierrefonds, 4/1 contre Gustave et 6/1 contre Lysiscote. Gagné de deux longueurs.

PRIX DU MINISTÈRE D'ÉTAT. 2,900 fr. pour chevaux de 3 ans et au-dessus. 2,400 m.

Jonathas, par Sting, 4 ans, 58 k. (J. Forster)...................... 1.
Surprise, 4 ans, 60 k. 1/2 (C. Pratt).... 2.
Pamplemousse, 3 ans, 47 k. 1/2 (G. Pratt). 3.
Birlibichon, 4 ans, 58 k. (Ashmall)...... 0.
Egmont, 3 ans, 47 k. 1/2 (A. Watkins).. 0.
Demi-Castor, 3 ans, 47 k. 1/2 (J. Watkins) 0.
Freyschutz, 3 ans, 47 k. 1/2 (Clarke)... 0.

Paris : 6/4 contre Surprise, 2/1 contre Demi-Castor, 3/1 contre Freyschutz. Gagné d'une demi-longueur.

POULE TRIENNALE (3e année). 2,600 fr. pour chevaux nés en 1857. 54 k. 4,000 m.

Prétendant, par Faugh a Ballagh (C. Pratt). 1.
Aboukir (Spreoty) .... 2.

Paris : 10/1 pour Prétendant. Gagné très-facilement.

Dimanche 5 mai.

PRIX IMPÉRIAL. 4,150 fr.; au 2ᵉ, 150 fr.; pour chevaux de 3 ans et au-dessus. 4,000 m.

Gouvieux, par The-Baron ou Lanercost, 6 ans, 68 k. 1/2 (C. Pratt)............... 1.
Jambe-d'Argent, 3 ans, 50 k. (A. Watkins).. 2.

PRIX D'IÉNA. 1,900 fr. pour chevaux de 3 ans et au-dessus. 1,900 m.

Robinson, par Castor, 4 ans, 61 k. (P. Durand)........................... 1.
Georges, 4 ans, 61 k. (Benjamin)........ 2.
Recouvrance, 4 ans, 59 k. 1/2 (Caillotin). 3.
Cabale, 3 ans, 48 k. 1/2 (Jean).......... 0.
Novella, 3 ans, 48 k. 1/2 (Victor)....... 0.

Paris : 2/1 contre Novella, 3/1 contre Georges, 4/1 contre Recouvrance et 6/1 contre Robinson. Gagné facilement.

QUATRIÈME PRIX BIENNAL (1ʳᵉ année). 5,750 fr.; au 2ᵉ, 350 fr.; pour chevaux nés en 1858. 54 k. 2,400 m.

Angus, par Castor (Flatman)...... ✕. 1.
Palaiseau (C. Pratt)............. ✕. 2.
Bon-Vivant (Spréoty)............ 3.
Beau-Séjour (Mundy)............ 0.
Merlette (Kitchener)............ 0.
Quêteuse (J. Forster)........... 0.
Avalanche (A. Pantal)........... 0.

Tolla (A. Watkins)................ 0.
Tapageur (Chifney) .... 0.

Paris : 6/4 contre Palaiseau, 3/1 contre Merlette, 4/1 contre Angus, 5/1 contre Beau-Séjour, 6/1 contre Quêteuse et 8/1 contre Bon-
Vivant. Gagné de deux longueurs.

POULE D'ESSAI. 25,400 fr.; au 2ᵉ, 1,000 fr.;
pour chevaux de 3 ans. 54 k. 1,500 m.
Isabella, par The-Baron (A. Watkins). .. 1.
Agamemnon (Kitchener)... .. .. .. 2.
Petit-Prodige (J. Watkins)......... 0.
Good-By (C. Pratt)................ 0.
La-Diva (Wicks).................. 0.

Paris : 2/1 pour l'écurie de M. Lupin Gagné
de trois-quarts de longueur.

PRIX DE SURESNES. 2,550 fr.; au 2ᵉ, 550 fr.;
pour chevaux de 4 ans et au-dessus, 3,000 m.
Quid-Juris, par The-Baron, 5 ans, 54 k.
 1/2 (T. Osborne)................ 1.
Baron, 4 ans, 52 k. (C. Pratt)...... 2.
Pauvre-Hère, 4 ans, 52 k. (Flatman)..... 0.
Jonathas, 4 ans, 52 k. (J. Forster)...... 0.
La-Filleule, 5 ans, 55 k. (J. Watkins)..... 0.
Rioter, 4 ans, 52 k. (Titchener) .... 0.
Faustine, 4 ans, 50 k. 1/2 (A. Watkins). 0.
Gœulzin, 4 ans, 50 k. (G. Pratt)........ 0.

Paris : 2/1 contre Pauvre-Hère, 5/2 contre
Jonathas, 4/1 contre Gœulzin et 6/1 chaque
contre Quid-Juris et Baron. Gagné d'une demi-
longueur.

Jeudi 9 mai.

PRIX DE L'ÉCOLE MILITAIRE. 2,480 fr. pour
chevaux de 3 ans et au-dessus. 4,100 m.
Horoscope, par Ion, 4 ans, 62 k. 1/2 (Chif-
  ney)................................... 1.
Georges, 4 ans, 62 k. 1/2 (A. Pantal).... 2.
La-Filleule, 5 ans, 66 k. (J. Watkins)... 0.
Porte-Respect, 4 ans, 61 k. (Bundy)..... 0.
Pilote, 3 ans, 51 k. (C. Pratt).......... 0.
 Paris : 2/1 contre Porte-Respect, 3/1 contre
Pilote et 4/1 contre Horoscope. Gagné d'une
demi-longueur. Le gagnant a été réclamé par
M. Bernier, pour 3,005 fr.

 PRIX DE L'ESPLANADE. 1,450 fr. pour chevaux
de 3 ans et au-dessus. 1,500 m.
Kœulzin, par Elthiron, 4 ans, 54 k. (G.
  Pratt)................................ 1.
Princesse-Royale, 3 ans, 46 k. 1/2 (J. Fors-
  ter)................................ 2.
Reindeer, 4 ans, 58 k. (W. Boldrick).... 3.
Birlibichon, 4 ans, 58 k. (W. Carter)... 0.
Tracktir, 4 ans, 54 k. (Greenwood)...... 0.
Topsy, 4 ans, 52 k. 1/2 (T. Osborne).... 0.
Silas, 3 ans, 46 k. 1/2 (Bundy).......... 0.
Martha, 3 ans, 46 k. 1/2 (A. Pantal).... 0.
 Paris : 5/2 contre Birlibichon, 3/1 contre
Kœulzin et 4/1 contre Princesse-Royale. Gagné
d'une encolure.

 POULE DES PRODUITS. 14,500 fr.; au 2ᵉ, 500 fr.;
pour chevaux de 3 ans. 54 k. 1,900 m.

Good-By, par Saint-Germain (A. Pantal).   1.
Compiègne (C. Pratt)................................   2.
Hetman (T. Osborne).............................   3.
Annexion (W. Carter)............................   0.
Oberon II (J. Bartholomew) ....   0.

Paris : 6/4 contre Good-By, 2/1 chaque contre Hetman et Compiègne et 10/1 chaque contre Annexion et Oberon. Gagné d'une demi-longueur.

PRIX DE LA NÉVA. 6,200 fr. pour chevaux de 3 ans. 2,900 m.

Finlande, par Ion, 50 k. (A. Pantal).....   1.
Hisber, 51 k. 1/2 (Spreoty)................   2.
Palestro, 51 k. 1/2 (C. Pratt)............   3.
Beau-Séjour, 51 k. 1/2 (Greenwood)......   0.
Printanier, 51 k. 1/2 (G. Pratt).........   0.
Je-n'y-compte-pas, 50 k. (J. Watkins)....   0.
Grabuge, 54 k. 1/2 (Flatman)..........   0.

Paris : 6/4 contre Palestro, 3/1 contre Grabuge, 3/1 contre Finlande, 4/1 contre Printanier et 6/1 contre Hisber. Gagné d'une demi-longueur.

PRIX DE NEUILLY. 3,700 fr. pour chevaux de 3 ans et au-dessus. 2,400 m.

Jonathas, par Sting, 4 ans, 56 k. 1/2
   (J. Forster)............................... ×.   1.
Euryanthe, 3 ans, 45 k. (Kitchener). ×.   2.
Pamplemousse, 3 ans, 46 k. 1/2 (G.
   Pratt)...................................... 3.
Noble, 6 ans, 61 k. (C. Pratt).....   0.

Pauvre Hère, 4 ans, 56 k. 1/2 (Flat-
man)............................... 0.
Aboukir, 4 ans, 56 k. 1/2 (Spreoty). 0.
Egmont, 3 ans, 46 k. 1/2 (A. Pantal). 0.

Paris : 5/4 contre Noble, 3/1 contre Euryanthe, 4/1 contre Pamplemousse et 5/1 chaque
contre Pauvre-Hère et Jonathas. Gagné d'une
encolure.

Dimanche 12 mai.

PRIX DES TERTRES. 2,000 fr. pour chevaux de
3 ans et au-dessus. 1,900 m.

Deviator, par Elthiron, 6 ans (1,000 fr.),
49 k. 1/2 (Kitchener)................. 1.
Georges, 4 ans (2,000 fr.), 50 k. 1/2 (C.
Pratt)............................. 2.
Silas, 3 ans, (2,000 fr.), 50 k. 1/2 (Flat-
man fils).......................... 3.
Robinson, 4 ans (2,000 fr.), 50 k. 1/2 (J. Bar-
tholomew)......................... 0.
Tracktir, 4 ans (2,000 fr.), 50 k. 1/2 (G.
Pratt)............................. 0.
Recouvrance, 4 ans (1,000 fr.), 44 k. (Bun-
dy)................................ 0.
Singapore, 3 ans (3,000 fr.), 44 k. (Wicks). 0.
Martha, 3 ans (3,000 fr.), 42 k. 1/2 (A. Pan-
tal).............................. 0,
Princesse-Royale, 3 ans (3,000 fr.), 42 k. 1/2
(J. Forster)....................... 0.
Tragédie, 3 ans (1,000 fr.), 34 k. 1/2 (Au-
guste)............................ 0.

Paris : 3/1 contre Recouvrance, 4/1 chaque contre Georges, Martha et Robinson, 5/1 contre Lilas et 6/1 contre Deviator. Gagné d'une encolure. Montant du prix : 2,000 fr. Le gagnant a été réclamé pour 1,200 fr. et passe dans l'écurie de W. Planner.

PRIX DU TROCADERO. 2,400 fr. pour chevaux de 3 ans et au-dessus, n'ayant jamais gagné. 2,200 m.

Palestro, par Fitz-Gladiator, 3 ans, 50 k. (C. Pratt) . . . . 1.
Solange, 3 ans, 48 k. 1/2 (A. Watkins) . . 2.
Pamplemousse, 3 ans, 50 k. (G. Pratt)... 0.
Fredaine, 3 ans, 48 k. 1/2 (T. Williams). 0.
Paris : 6/4 pour Palestro et 3/1 contre Pamplemousse. Gagné très-facilement.

HANDICAP. 3,900 fr.; au 2ᵉ, 200 fr.; pour chevaux de 4 ans et au-dessus. 2,000 m.

Rioter (ex-Gracieux), par The-Baron, Elthiron ou Festival, 4 ans, 53 k. 1/2 (Spreoty). 1.
Pauvre-Hère, 4 ans, 56 k. 1/2 (J. Watkins) 2.
Phare, 5 ans, 61 k. (G. Pratt)........... 0.
Papillote, 5 ans, 61 k. (T. Osborne)...... 0.
Rosière, 4 ans, 58 k. 1/2 (Kitchener).... 0.
Dame-de-Compagnie, 4 ans 52 k. (T. Williams).
Paris : 6/4 contre Pauvre-Hère, 2/1 contre Rosière, 3/1 contre Phare, 4/1 contre Papillotte et 5/1 contre Rioter. Gagné d'une longueur.

PRIX DE L'EMPEREUR (*Poule des produits*). 3,600 fr.; au 2ᵉ, 1,000 fr.; pour chevaux de 3 ans. 54 k. 2,000 m.

Finlande, par Ion, (A. Watkins)........ 1.
Diable-au-Corps (T. Williams).......... 2.
Compiègne (C. Pratt)...... ... ... 3.
Agamemnon (Kitchener)............... 0.
Hetman (T. Osborne).................. 0.

Paris : 6/4 pour Compiègne, 5/2 contre Finlande, 5/1 contre Agamemnon, 12/1 contre Hetman et 20/1 contre Diable-au-Corps. Gagné de deux longueurs.

PRIX DU LAC (*handicap*). 1,800 fr. pour chevaux de 3 ans, ayant couru. 3,000 m.

Audacieuse, par The-Baron, 47 k. 1/2
 (Bundy)............................. 1.
Peau-Rouge, 49 k 1/2 (J. Forster)... ... 2.
Pilote, 54 k. 1/2 (C. Pratt).......... 0.
Merlette, 52 k. (Kitchener) .... 0.
Caresse, 46 k. 1/2 (T. Williams)....... 0.

Paris : 6/4 contre Merlette, 5/2 contre Peau-Rouge et 5/1 contre Pilote. Gagné d'une demi-longueur.

ANGOULÊME

Samedi 11 mai.

PRIX DU MINISTÈRE. 1,450 fr.; au 2ᵉ, 150 fr.; pour chevaux de 3 ans et au-dessus, 2,000 m.

Baron, par Lanercost, 4 ans, 67 k. (D. El-lam)... 1.
Tolla, 3 ans, 54 k. 1/2 (Benjamin)...... 2
Maria, 3 ans, 49 k. 1/2 (Burns)........ 0.
Orthos, 3 ans, 50 k. (J. Arnott)....... 0.
Gagné très-facilement.

SAINT-LÉGER DE L'OUEST ET DU MIDI. 8,300 fr.; au 2ᵉ 800 fr.; pour chevaux de 3 ans, de l'Ouest et du Midi. 2,400 m.

Saint-Aignan, par Iago, 51 k. (J. Maxted). 1.
Barbe-d'Or, 49 k. 1/2 (Hearnden)...... 2.
Beau-Sire, 55 k. (W. Hardy)........... 3.
Périlleux, 51 k. (H. Jordan fils)........ 0.
Beau-Soleil, 51 k. (D. Ellam)........... 0.
Ralph, 51 k. (D. Edwards)............. 0.
Gagné très-facilement.

PRIX D'ARRONDISSEMENT. 1,900 fr. pour chevaux de 3 ans et au-dessus, de l'Ouest. 2,500 m..

Plume-Coq, par The Prime Warden, 5 ans 62 k. 1/2 (J. Maxted).................. 1.
Pharaon, âgé, 68 k. (Joseph).......... 2..
Peu-de-Chance, 4 ans, 60 k. (D. Edwards) 0..

Biribi, 6 ans, 68 k. (J. Cassidy)............   0.
Gagné facilement.

PRIX DE LA TOURETTE. 1,450 fr.; au 2e 100 fr.
pour chevaux de 3 ans et au-dessus, de l'Ouest.
2,400 m.
Darius, par Strongbow, 4 ans, 61 k. (J.
    Cassidy).......................   1.
Perle-Fine, 4 ans, 59 k. 1/2 (Joseph)....   2.
Branche-d'Or, 4 ans, 59 k. 1/2 (D. Ed-
    wards)........................   3.
Gagné de deux longueurs.

PRIX DÉPARTEMENTAL. 620 fr.; au 2e, 20 fr.;
pour chevaux du département. 2,500 m.
Kaoline, par Collingwood ou Malton, 3
    ans, 48 k. 1/2 (H. Jordan fils).........   1.
Trente-et-un (demi-sang)...............   2.
    Battant deux concurrents. Gagné très-faci-
lement.

Mardi 14 Mai.

PRIX DE L'EMPEREUR. 2,900 fr. pour chevaux
de 3 ans et au-dessus, de l'Ouest et du Midi.
2,400 m.
Minos, par Sting, 3 ans, 54 k. (Burns)..   1.
Arcole, 3 ans, 55 k. (A. Watkins).......   2.
    Gagné d'une longueur.

HANDICAP. 5,475 fr.; au 2e 350 fr.; pour chevaux de 3 ans et au-dessus. 2,100 m.

La-Vapeur, par The-Baron, 3 ans, 51 k.
1/2 (A. Watkins).................... 1.
Demi-Castor, 3 ans, 50 k. (Flatman)..... 2.
Pilgrim, 5 ans, 58 k. 1/2 (Burns)....... 3.
Cavalcadour, 4 ans, 60 k. (P. Price).... 0.
Mona-Lisa, 4 ans, 51 k. 1/2 (Rayner)... 0.
Gagné d'une demi-longueur.

PRIX DE LA SOCIÉTÉ D'ENCOURAGEMENT. 2,550 f.
pour chevaux de 3 ans et au-dessus. 2,400 m.
Saint-Aignan, par Iago, 3 ans, 49 k. (J.
Maxted)...................... 1.
Tolla, 3 ans, 47 k 1/2 (A. Watkins).... 2.
Gagné de deux longueurs.

OMNIUM. 4,375 fr.; au 2ᵉ, 350 fr.; pour che-
vaux de 3 ans et au-dessus. 2,000 m.
Peu-de-Chance, par Iago, 4 ans, 58 k. (D.
Edwards)...................... 1.
Beau-Séjour, 3 ans, 50 k. (P. Price).... ×
La-Vapeur, 3 ans, 54 k. 1/2 (A. Watkins) ×
Minos, 3 ans, 48 k. (Burns)............ 0.
Gagné d'une longueur.

PRIX DE CIRCONSCRIPTION. 780 fr. pour chevaux de 3 ans et au-dessus, de l'Ouest. 2,500
mètres.
Pharaon, par Gladiator ou Nautilus, âgé,
67 k. (Joseph)...................... 1.
Biribi, 66 k. (J. Cassidy).. .... 2.
Branche-d'Or II, 4 ans, 57 k. 1/2 (D. Edwards)...................... 3.
Gagné de deux longueurs.

POITIERS

Vendredi 17 mai.

PRIX DES HARAS. 950 fr.; au 2e, 150 fr. pour chevaux de 3 et 4 ans, de l'Ouest et du Midi. 2,500 m.

Darius, 4 ans, par Strongbow, 60 k. (J. Cassidy) .... 1.
Ralph, 3 ans, 51 kil. (J. Maxted) .... 2.
Waterloo, 4 ans, 60 k. (Désir) .... 0.
Gagné d'une longueur.

GRAND PRIX DE LA VILLE. 4,250 fr., au 2e, 800 fr. pour chevaux de 3 ans, de l'Ouest et du Midi. 2,500 m.

Saint-Aignan, par Iago, 54 k. (D. Edwards) .... 1.
Beau-Soleil, 51 k. (Hearnden) .... 2.
Orthos, 51 k. (Arnott) .... 0.
Gagné facilement.

PRIX DE L'EMPEREUR. 2,880 fr.; au 2e, 720 fr. pour chevaux de 3 ans et au-dessus. 2,500 m.

Palestro, 3 ans, par Fitz-Gladiator, 58 k. (A. Watkins) .... 1.
Plume-Coq, 5 ans, 63 k. (D. Edwards) .. 2.

Plaisir-des-Dames, 3 ans, 47 k. (T. Williams) .... 0.
Peu-de-Chance 4 ans, 61 k. (Karlk)..... 0.
Gagné très-facilement.

PRIX DE CIRCONSCRIPTION. 780 fr. pour chevaux de 3 ans et au-dessus. 2,500 m.
Pharaon, âgé, par Gladiator ou Nautilus, 68 k. (Joseph)................ .... 1.
Branche-d'Or II, 4 ans, 61 k. 1/2 (D. Edwards)..................... 2.
Orthos, 3 ans, 51 k. (Arnott)........ .... 0.
Martinette, 4 ans, 59 k. 1/2 (P. Birée). . 0
Gagné très-facilement.

HANDICAP. 3,700 fr. 3,000 m.
Tolla, 3 ans, par Festival, 52 k. (A. Watkins)......................... 1.
Princesse-de la-Paix, 5 ans, 52 k. (P. Birée) 2.
Dame-de-Compagnie, 4 ans, 55 k. (T. Williams)........................ 3.
Euryanthe, 3 ans, 50 k. (Dean)......... 0.
Noble, 5 ans, 68 k. (J. Cassidy)........ 0.
Gagné facilement.

COURSE DE HAIES (*Gentlemen-riders*). 320 fr. pour chevaux de demi-sang. 2,000 m.
Waterloo, par Saint-Simon, 4 ans, 60 k. (Désir)................ (a couru seul).

Dimanche 19 mai.

PRIX DU CONSEIL GÉNÉRAL. 400 fr.; au 2e;

200 fr. pour tous chevaux de demi-sang, de 3 et 4 ans. 2,100 m.

Giselle, par Y.-Hémus (M. R. Hennessy).. 1.
Magenta.............................. 2.
  Battant deux autres chevaux.

PRIX DE LA PELOUSE. 1,675 fr., 50 fr. au 2ᵉ, pour chevaux de 3 ans et au-dessus. 3,000 m.

Palestro, par Fitz-Gladiator, 3 ans, 54 k. (Mizen)............................. 1.
Tolla, 3 ans, 52 k. 1/2 (G. Elsley)..... 2.

POULE D'ESSAI. 2,075 fr.; 75 fr. au 2ᵉ pour chevaux de 3 ans, de l'Ouest. 2,100 m.

Blind Girl, par Iago, 52 k. 1/2 (H. Jordan fils)................................ 1.
Périlleux, 54 k. (Hearnden)............ 2.

PRIX D'ARRONDISSEMENT. 1,980 fr. pour chevaux de 3 ans et au-dessus, de l'Ouest. 2,500 m.

Peu-de-Chance, 4 ans, par Iago, 60 k. (Karlk)............................. 1.
Pharaon, âgé, 66 k. (Joseph)........... 2.
Biribi, 6 ans, 65 k. 1/2 (J. Cassidy)...... 0.
  Gagné facilement.

COURSE DE HAIES. 960 fr.; au 2ᵉ 240 fr., pour tous chevaux de 4 ans et au-dessus. 2,100 m.

Surprise, âgée, par The Prime-Warden, 66 k. 1/2 (L. Lefur).................... 1.
Braconnier, âgé, 67 k. 1/2 (J. Cassidy).. 2.
Janvier, 4 ans, 62 k. 1/2 (Collins) ..... 0.

Waterloo, 4 ans (Désir).................. 0.
Chitane, âgée (le propriétaire)........... 0.
Gagné d'une demi-longueur.

—

CHANTILLY

Réunion du Printemps.

Dimanche 19 Mai.

PRIX DE LA REINE BLANCHE. 2,100 fr. pour
chevaux de 3 ans et au-dessus. 2,200 m.

Martha, par Father Thames, 3 ans (1,000
   fr.), 43 k. (H. Grimshaw)............ 1.
Robinson, 4 ans (1,000 fr.), 52 k. 1/2 (J.
   Bartholomew)..................... 2
Pilote, 4 ans (2,000 fr.), 48 k. (A. Wat-
   kins)............................ 3.
Porte-Respect, 4 ans (2,000 fr.), 54 k. 1/2
   (Spreoty)........................ 4.
Pyrops, 5 ans (1,000 fr.), 56 k. 1/2 (T. Os-
   borne).......................... 0.
Deviator, 6 ans (1,000 fr.), 56 k. 1/2 (Kit-
   chener)......................... 0.
Vicar, 5 ans (1,000 fr.), 56 k. 1/2 (G.
   Abray).......................... 0.
Propre-à-Rien, 4 ans (2,000 fr.), 56 k.
   (Flatman),...................... 0.

Apremont, 4 ans (2,000 fr.) (Chifney)....   0.
Fuchsia, 3 ans (2,000 fr.), 46 k. 1/2 (Flat-
    man fils)...........................   0.
Allons-Donc, 3 ans (2,000 fr.), 46 k. 1/2
    (J. Watkins)........................
Tapageur, 3 ans, (1,000 fr.), 44 k. 1/2
    (Bundy)............................   0.

Paris: 3/1 contre Martha, 4/1 contre Deviator, 5/1 contre Robinson, et 6/1 chaque contre
Porte-Respect et Pilote. Gagné d'une longueur. Le gagnant a été réclamé par M. le
comte de Morny pour 2,000 fr.

PRIX DU GROS CHÊNE. 1,600 fr. pour chevaux
de 3 ans et au-dessus. 800 m.

Gœulzin, par Elthiron, 4 ans, 60 k. 1/2
    (G. Pratt)..... ....   1.
Merlette, 3 ans, 52 k 1/2 (Kitchener)....   2.
Wedding, 5 ans, 60 k. (C. Pratt).......   3.
Oberon, 3 ans, 54 k. (J. Bartholomew)..   0.
Fredaine, 3 ans, 52 k. 1/2 (J. Watkins)..   0.
Princesse-royale, 3 ans, 52 k. 1/2 (J. For-
    ster)..............................   0.
Tartarie, 3 ans, 52 k. 1/2 (Greenwood)..   0.
Paris: 6/4 contre Wedding, 3/1 chaque
contre Merlette et Gœulzin, et 5/1 contre Prin-
cesse-Royale. Gagné facilement.

PRIX DES ÉCURIES (handicap). 5,775 fr. pour
chevaux de 3 ans et au-dessus. 2,400 m.
Demi-Castor, par Castor, 3 ans, 48 k. 1/2
    (J. Watkins)........................   1.

Pamplemousse, 3 ans, 47 k. 1/2 (G. Pratt)_ .2.
Egmont, 3 ans, 49 k. 1/2 (C. Pratt).... 3.
Phare, 5 ans. 62 k. 1/2 (Chifney)....... 0.
Quid-Juris, 5 ans, 62 k. (T. Osborne) . 0.
Jonathas, 4 ans, 61 k. (J. Forster). . 0.
Rosière, 4 ans, 58 k. 1/2 (Kitchener).... 0.
Aboukir, 4 ans, 50 k. (Spreoty)........ 0.
Reindeer, 4 ans, 56 k. 1/2 (W. Boldrick) 0.
Beau-Séjour, 3 ans, 48 k. 1/2 (P. Price). 0.
Bowlaway, 3 ans, 43 k. (Flatman fils)... 0.

Paris : 3/1 contre Quid-Juris, 4/1 chaque contre Pamplemousse, Demi-Castor et Jonathas, 5/1 contre Egmont et 8/1 chaque contre Rosière et Beau-Séjour. Gagné très-facilement.

PRIX DE DIANE. 13,750 fr.; au 2e 600 fr.; pour pouliches de 3 ans. 54 k.; 2,100 m.

Finlande, par Ion (C. Pratt)............ 1.
Éclair (W. Carter)....... .... 2.
Panique (J. Bartholomew)......... .... 3.
Isabella (H. Grimshaw)... .... 0.
Fusée (T. Osborne)............... .... 0.
Passiflore (A. Watkins)........ .... 0.
La-Diva (Kitchener)................... 0.

Paris : 6/4 contre Isabella, 2/1 contre Finlande, 5/1 chaque contre La-Diva et Panique, 6/1 contre Éclair et 8/1 contre Passiflore. Gagné d'une encolure.

PRIX DES HARAS. 2,300 fr. pour chevaux de 3 ans et au-dessus. 2,000 m.

Pierrefonds, par Buckthorn, 4 ans, 60 k. . . . .
  (C. Pratt). . . . . 1.
Surprise, 4 ans, 57 k. (A. Watkins). . . . 2.
Beauvais, 4 ans, 58 k. 1/2 (Chifney). . . . . 3. .

   Paris : 3/1 pour Pierrefonds et Surprise couplés. Gagné facilement.

Jeudi 23 mai.

   PRIX SPÉCIAL. 2,050 fr.; au 2e, 50 fr., pour chevaux de 3 ans et au-dessus. 2,000 mètres en partie liée.
Capucine, 4 ans, par Gladiator,
  59 k. 1/2 (Spreoty) . . . . 1. 1.
Pierrefonds, 4 ans, 61 k. (C. Pratt). 2. 2

   Première épreuve. Paris : 6/4 pour Capucine. Gagné d'une longueur.
   Deuxième épreuve. Paris : 3/1 pour Capucine. Gagné très-facilement.

   PRIX DE LA PELOUSE (*gentlemen-riders*). 2,100 fr.; au 2e, 100 fr., pour chevaux de 3 ans et au-dessus. 2,100 m.
Lord-Spleen, par Ionian 6 ans, 75 k. (le
  propriétaire). . . . . 1.
Porte-Respect, 4 ans, 75 k. à M. H. Cartier (le propriétaire). . . . . 2.
Noble-Cœur (ex-Régent), 4 ans, 75 k. (M.
  H. A. Blount). . . . . 3.
Revoke, 5 ans, 75 k. (le propriétaire) . . 0.
Robinson, 4 ans, 75 k. (le propriétaire). 0.
Belle-de-Jour, 5 ans, 75 k. (le propriétaire) 0.

Tingapore, 3 ans, 67 k. (le capitaine Hunt)   0.
Fuchsia, 3 ans, 67 k. (M. Wheelwright).   0.

Gagné d'une demi-longueur. Le gagnant a été réclamé par M. Bernier pour 3,505 fr.

PRIX DE COURTEUIL. 2,350 fr. pour chevaux de 3 ans. 54 k.; 2,000 m.

Hetman, par Cossack (T. Osborne).....   1.
Avalanche (C. Pratt)...................   2.
Freyschutz (G. Abray)..................   3.
Grand-Sully (W. Carter)................   0.
Je-n'y-compte-pas (J. Watkins).........   0.

Paris : 6/4 contre Hetman et 3/1 chaque contre Freyschutz et Avalanche. Gagné d'une longueur.

PRIX DES LIONS (*gentlemen-riders*). 3,100 fr.; au 2e, 400 fr., pour chevaux de 3 ans et au-dessus. 2,400 m.

Wedding, 5 ans, par Nuncio, 75 kil. (M. W. Bevill)....................   1.
Quid-Juris, 5 ans, 76 k. 1/2 (Sir R. Clifton)....   2.
Gouvieux, 6 ans, 76 k. 1/2 (M. le duc de Caderousse-Gramont)...............   3.
Rioter, 4 ans, 75 k. (le propriétaire).....   0.

Paris : 6/4 contre Gouvieux, 5/2 contre Quid-Juris et 3/1 contre Rioter. Gagné d'une longueur.

PRIX DU CHEMIN DE FER. 1,725 fr. pour tous chevaux de 3 ans et au-dessus. 3,200 m.

Egmont, par Fitz-Gladiator, 3 ans, 49 k. 1/2
   (C. Pratt)............... (a couru seul).

Dimanche 26 mai.

PRIX IMPÉRIAL. 5,225 fr.; au 2ᵉ, 225 fr., pour
chevaux de 4 ans et au-dessus. 4,000 m. en
partie liée.

Gustave, par Lancrcost, 4 ans, 60 k.
   (Kitchener)........................ 1. 1.
Papillote, 5 ans, 62 k. 1/2 (Flatman) 3. 2.
Pierrefonds, 4 ans, 61 k.(C. Pratt).. 2. 3.

   Première épreuve. Paris : Égalité pour
Pierrefonds et 5/2 contre Gustave. Gagné
d'une longueur.

   Deuxième épreuve. 2/1 pour Gustave. Gagné d'une demi-longueur.

PRIX DES ÉTANGS. 1,800 fr. pour chevaux de
3 ans et au-dessus. 2,400 m.

Passiflore, par Assault, 3 ans (2,000 fr.),
   48 k. (C. Pratt)....................... 1.
Lilas, 3 ans (3,000 fr.), 50 k. 1/2 (Flatman) 2.
Robinson, 4 ans (2,000 fr.), 57 kil. 1/2
   (J. Bartholomew)..................... 0.
Grand Sully, 3 ans (3,000 fr.), 52 k. (W.
   Carter)............................... 0.
Je n'y-compte-pas, 3 ans (2,000 fr.), 48 k.
   (J. Watkins)......................... 0.
Tartarie, 3 ans (2,000 fr.), 48 k. (Green-
   wood)................................ 0.

   Paris : 2/1 contre Passiflore, 3/1 chaque

3

contre Robinson et Lilas. Gagné d'une longueur. Passiflore a été réclamée par M. H. A. Blount pour 2,254 fr.

PRIX DE L'EMPEREUR (*handicap*). 3,150 fr. pour chevaux de 3 ans et au-dessus. 2,100 m.,

Pamplemousse, par Festival, 3 ans, 45 k. 1/2, (G. Pratt)	1.
Allons-Donc, 3 ans, 41 k. 1/2 (Bailey)	2.
Jonathas, 4 ans, 57 k. 1/2 (J. Forster)	3.
Gœulzin, 4 ans, 57 k. (Chifney)	0.
Rosière, 4 ans, 57 k. (Kitchener)	0.
Reindeer, 4 ans, 51 k. 1/2 (Spreoty)	0.
Avalanche, 3 ans, 50 k. 1/2 (C. Pratt)	0.
Propre-à-Rien, 4 ans, 49 k. (J. Watkins)	0.
Audacieuse, 3 ans, 43 k. 1/2 (Bundy)	0.
Oberon II, 3 ans, 43 k. (Last)	0.
Tingapore, 3 ans 42 k. (Wicks)	0.

Paris : 4/1 contre Pamplemousse, 5/1 chaque contre Jonathas et Audacieuse et 6/1 contre Avalanche. Gagné d'une longueur.

PRIX DU JOCKEY-CLUB. 52,000 fr ; au 2e, 1,000 fr., pour chevaux de 3 ans. 54 kil.; 2,400 m.

Gabrielle-d'Estrées, par Fitz-Gladiator (G. Fordham)	1.
Éclair (W. Carter)	2.
Hisber (Spreoty)	3.
Agamemnon (Kitchener)	4.
Good-By (C. Pratt)	0.
Jambe-d'Argent (H. Grimshaw)	0.
Bochet (J. Osborne)	0.

Compiègne (A. Watkins)...............\ 0.
Demi-Castor (J. Watkins)............. 0.
Panique (J. Bartholomew)............. 0.
Barbe-Bleue (Flatman)................ 0.
Hetman (T. Osborne).................. 0.
Grabuge (Flatman).................... 0.
M. de Bouzillé (Wells)............... 0.
Carillon (G. Abray).................. 0.
Le-Cèdre (Chifney)................... 0.
Diable-au-Corps (Aldcroft)........... 0.

Dernière cote des paris : 5/2 contre Bochet, 5/2 contre Gabrielle-d'Estrées, 5/2 contre His-ber, 8/1 contre Éclair, 10/1 contre M.-de-Bou-zillé, 10/1 contre Barbe-Bleue, 12/1 contre Dia-ble-au-Corps, 15/1 contre Compiègne, 15/1 contre Good-By, 25/1 chaque contre Jambe-d'Ar-gent, Demi-Castor, Agamemnon et Le-Cèdre, 30/1 contre Panique, 40/1 contre Hetman, 50/1 contre Carillon et 100/1 contre Grabuge. Ga-gné d'une longueur; une demi-longueur entre le second et le troisième.

PRIX DE L'OISE. 2,300 fr. pour chevaux de 3 ans et au-dessus, nés et élevés dans le dé-partement, 2,200 m.

Beauvais, par Elthiron, 4 ans, 62 k. 1/2 (Chifney) .... 1.
Gouvieux, 6 ans, 65 k. (C. Pratt)......... 2.
Je-n'y-compte-pas, 3 ans, 52 k. 1/2 (J. Watkins)............................. 0.

Paris : 6/4 pour Beauvais. Gagné d'une longueur.

LIMOGES

Lundi 20 *mai.*

PRIX SPÉCIAL. 1,500 fr.; pour chevaux de 3 ans. 2,000 m.

Solange, par Hernandez, 52 k. 1/2, (A. Pantal).. 1.
Minos, 54 k., (Burns).................................. 2.
Mousquetaire, 54 k. (Hearnden)............ 3.
Gagné facilement.

PRIX DES PAVILLONS. 2,700 fr.; au 2e 100 fr.; pour chevaux de 4 ans et au-dessus. 3,000 m.

Bissextil, par Malton, 5 ans, 62 k. 1/2 (C. Brown) .... 1.
Pilgrim, 5 ans, 62 k. 1/2 (W. Ludlam)... 2.
Gagné facilement.

PRIX DE SAINT-LOUP (*handicap*). 2,200 fr.; pour chevaux de 3 ans et au-dessus. 2,400 m.

Mona-Lisa, par Weathergage, 4 ans, 51 k. 1/2, (Burns)................................. 1.
Mémorial, 4 ans, 54 k. (Hearnden)...... 2.
Fougère, 4 ans, 56 k. (A. Pantal)...... 3.
Tôt-ou-Tard, 6 ans, 52 k. 1/2 (G. Elsdon)... 0.
Gagné très-facilement.

PRIX DE DIANE DE L'OUEST ET DU MIDI. 4,700 fr.; au 2e 800 fr.; pour pouliches de 3 ans. 52 k. 1/2. 2,100 m.

Barbe-d'Or, par Womersley (Hearnden)..   1.
Carabine (W. Hardy)......................   2.
Maria, (Burns)..........................   3.
Fille Unique (G. Elsdon)................   0.
    Gagné d'une demi-longueur.

Jeudi 23 mai.

PRIX DU CONSEIL GÉNÉRAL. 1,700 fr.; pour
chevaux de 3 ans et au-dessus. 3,000 m.
Bissextil, par Malton, 5 ans, 63 k. (C.
    Brown)..............................   1.
Carabine 3 ans, 44 k., (A. Pantal)....   2.
    Gagné très-facilement.

PRIX A RÉCLAMER. 1,800 fr.; pour chevaux
de 3 ans et au-dessus. 2,000 m.
Chalusset, par Ionian, 5 ans (1,500 fr.),
    61 k. 1/2, (C. Brown)...............   1.
Faugeras, 4 ans (2,000 fr.), 60 k. 1/2,
    (G. Elsdon).........................   2.
Memorial, 4 ans (1,500 fr.), 58 k. 1/2,
    (Hearnden)..........................   3.
Maria, 3 ans (1,500 fr.) (Burns)........   0.
    Gagné d'une longueur.

PRIX PRINCIPAL. 2,500 fr.; pour chevaux de
3 ans et au-dessus. 3,000 m.
Pilgrim, par Sting, 5 ans, 67 k. (W.
    Ludlam).............................   1.
Mona-Lisa, 4 ans, 58 k. 1/2 (Burns)....   2.
Fougère, 4 ans, 58 k. 1/2 (Mizen)......   3.

Solange, 3 ans, 47 k. (A. Pantal)...... 4.
Chalusset, 5 ans, 64 k. (C. Brown)..... 5.
Mousquetaire, 3 ans, 48 k. 1/2 (Hearn-
    den)................................ 6.
    Gagné d'une longueur.

PRIX DU PRINTEMPS DE L'OUEST ET DU MIDI.
6,600 fr.; au 2ᵉ 700 fr.; pour chevaux de
3 ans. 2,400 m.
Beau Sire, par Womersley, 58 k. (W.
    Hardy)............................ 1.
Saint-Aignan, 58 k. (J. Maxted)........ 2.
    Gagné facilement.

PRIX DE CONSOLATION. 530 fr.; pour chevaux
de 3 ans et au-dessus. 2,000 m.
Cyllarus, par Collingwood, 4 ans, 60 k.
    (Ribière)........................... 1.
Fille Unique, 3 ans, 47 k. (James)...... 2.

—

MARSEILLE

Réunion du Printemps.

Lundi 20 *Mai.*

PRIX DE LA MÉDITERRANÉE. 1,025 fr. pour
tous chevaux de 3 ans et au - dessus, nés et
élevés dans la circonscription du concours régional ou en Algérie. 2,600 m.

Ali, 6 ans, 64 k. (Abescat).....a couru seul

PRIX DE LA SOCIÉTÉ. 1,900 fr.; au 2e 300 fr.;
pour chevaux de 3 ans et au-dessus, du Midi
et de race orientale. 2,500 m,

Arcole, par Hernandez, 3 ans, 52 k. (D.
   Ellam)...................... ...... 1.
Péché Mignon, 3 ans, 50 k. (T. Williams). 2.
Mlle Jenny, 4 ans, 52 k. 1/2 (Middleditch). 3.
Mendosse, 6 ans 64 k. (Abescat)........ 0.

PRIX DU CONCOURS RÉGIONAL. 6,875 fr.; au
2e 875 fr.; pour tous chevaux de 3 ans et au-
dessus. 3,200 m.

La Vapeur, ex-Violette, par The-Baron,
   3 ans, 49 k. 1/2 (T. Williams)....... 1.
Faustine, 4 ans, 60 k. 1/2 (Middleditch). 2.

POULE DE HACKS. Un objet d'art, et 100 fr.;
au 2e, une cravache, pour tous chevaux de
3 ans et au-dessus, non entraînés. 1,600 m.

Hamdani, 68 k. (le propriétaire)........ 1.
Julia, 68 k. (le propriétaire)............. 2.
Xyk, 60 k. (le propriétaire)............ 3.

Samedi 25 Mai.

COURSE PLATE, *Gentlemen-riders.* Un objet
d'art et 600 fr.; au 2e, une cravache. 1,600 m.

Flore, âgée, 67 k. (le propriétaire)...... 1.
Stella, âgée 71 k. (le propriétaire)........ 2.
Lilas, âgée, 67 k. (le propriétaire)..... 0.
Miss Betty, âgée, 67 k. (C. Fabre)....... 0.

AVIGNON

Dimanche 26 mai.

PRIX DU CHEMIN DE FER. 950 fr.; au 2ᵉ 100 fr.; pour tous chevaux de 3 ans et au-dessus, du Midi. 2,400 m.

La Galeuse, par Sophiste, âgée, 64 k. 1/2 (Roland)........ .... 1.
Hirondelle Effrayée, âgée, 64 k......,..... 2.
Gracieuse, 5 ans, 62 k. 1/2 (Joseph)..... 0.

Gagné très-facilement.

PRIX DES HARAS. 950 fr.; au 2ᵉ 300 fr.; pour tous chevaux de 3 ans et au-dessus, du Midi. 2,000 m.

Arcole, par Hernandez, 3 ans, 55 k. (D. Ellam)................ .... 1.
Sylvio, 4 ans, 64 k. (Simpson)........ .. 2.
Gracieuse, 5 ans, 61 k. (Joseph)....... 0.

Gagné d'une longueur.

HANDICAP. 4,475 fr.; au 2ᵉ 475 fr.; pour chevaux de 3 ans et au-dessus. 3,600 m.

La Vapeur, ex-Violette, par The-Baron, 3 ans, 56 k. 1/2 (G. Mizen)........... 1.
Fanning, 5 ans, 55 k. (Middleditch)..... 2.
Faustine, 4 ans, 63 k. (D. Ellam)...;.... 3.

Gagné très-facilement.

PRIX A RÉCLAMER. 1,900 fr.; au 2ᵉ 400 fr.; pour tous chevaux. 2,400 m.

Georges, par Ion ou Father-Thames, 4 ans (2,000 fr.), 54 k., (D. Ellam)........ 1.
Mlle-Jenny, 4 ans, (2,000 fr.), 57 k. 1/2, (Middleditch)............. .... 2.
Tamara, 3 ans, (2,000 fr.), 48 k. 1/2, (G. Mizen)........................ 0.

Gagné de deux longueurs. Le vainqueur a été réclamé par M. Cartier pour 2,477 fr. 75 c.

POULE DE HACKS *Gentlemen-riders*. Une coupe en argent et 50 fr.; au 2ᵉ une cravache, pour tous chevaux de 3 ans et au-dessus, non entraînés. 2,400 m.

Bobine, par Saint-Germain, 6 ans, 64 k. (le propriétaire) .... 1.
Rebecca, âgée, 64 k. (le propriétaire.... 2.
N... (M. le comte de Négro)........... 0.

MONTPELLIER

Dimanche 2 juin.

PRIX DU CONSEIL GÉNÉRAL (*handicap*) 3,800 fr.; au 2ᵉ, 550 fr.; pour chevaux de 3 ans et au-dessus. 3,400 m.

Princesse-de-la-Paix, par Gladiator, 5 ans,
    47 k. 1/2 (P. Birée)...................... 1.
Rosière, 4 ans, 56 k. (Dean)............. 2.
Fanning, 5 ans, 50 k. (Middleditch)..... 3.
    Gagné facilement.

PRIX DES SOUSCRIPTEURS. 1,400 fr.; au 2ᵉ, 150 fr.; pour chevaux de 3 ans et au-dessus. du midi. 2,800 m.

Mlle-Jenny, par Nunnykirk, 4 ans
    (3,000 fr.), 55 k. 1/2 (Staples)....... 1.
Volontaire, 5 ans (1,000 fr.), 58 k....... 2.
    Gagné facilement.

COURSE DE HAIES. 950 fr.; au 2ᵉ, 100 fr.; pour tous chevaux. 2,800 m.

Bièvre, par Pédagogue ou Elthiron, 5 ans,
    68 k. (M. le capitaine Hunt)........... 1.
Gisors, 4 ans, 70 k. (Hockerill)......... 2.
    Gagné facilement.

POULE DE HACKS.

Bobine, par Saint-Germain, 6 ans (le propr.) 1.
Stella .... 2.

Le PRIX DU CHEMIN DE FER n'ayant pas réuni le nombre voulu d'engagements, a été disputé dans une course improvisée par MM. les officiers du 8ᵉ hussards.

AURILLAC

Dimanche 2 juin.

PRIX DES HARAS. 1,575 fr.; au 2ᵉ, 75 fr.; pour
chevaux de 3 ans et au-dessus. 4,000 m.

Cyllarus, par Collingwood, 4 ans, 59 k.
(Ribière)............................ 1.
Fairy-Queen, 5 ans, 67 k. 1/2 (R. Wright). 2.
Selim, 5 ans, 71 k. (Burns)............ 3.

PRIX DU CONSEIL GÉNÉRAL. 1,000 fr.; au 2ᵉ.
50 fr.; pour chevaux de 3 ans et au-dessus,
2,000 m.

Melle-d'Estaing, par Curé, 5 ans, 63 k.
1/2 (G. Cunnington)................. 1.
Fairy-Queen, 5 ans, 61 k. (R. Wright)... 2.
Guillerette, 3 ans, 48 k. 1/2 (Bertrand).. 3.

Mardi 4 juin.

PRIX DE LA VILLE. 1,612 fr. 50 c.; au 2ᵉ,
112 fr. 50 c.; pour chevaux de 3 ans et au-
dessus. 2,000 m. en partie liée.

Cyllarus, par Collingwood, 4 ans, 60 k.
(Ribière) .... 1. 1.
Fairy-Queen, 5 ans, 62 k. 1/2 (R.
Wright) .... 2. 2.
Selim, 5 ans, 64 k. (Burns)......... 3. 3.
Mlle-d'Estaing, 5 ans, 60 k. 1/2 (G.
Cunnington)....................... 4 0.

Guillerette, 3 ans, 45 k. (Bertrand).. 5. 0.

PRIX DES PROPRIÉTAIRES.

Triste-Mine (R. Wright)............... 1.

VERSAILLES

Dimanche 2 juin.

PRIX DU MINISTÈRE D'ÉTAT. 1,600 fr.; pour chevaux de 3 ans et au-dessus. 2,000 m. en partie liée.

Tolla, par Festival, 3 ans, 49 k. 1/2 (C. Pratt).. ...., 1. 1.
Allons-Donc, 3 ans, 49 1/2 k., (J. Watkins)............... .... 2. 2.
Anxiety, 3 ans, 49 k. 1/2 (W. Carter) 3. 3.

Première épreuve. Paris 2/1 pour Tolla. Gagné de trois longueurs. *Deuxième épreuve.* Paris : 4/1 pour Tolla. Gagné facilement.

PRIX DE LA VILLE. 1,550 fr.; pour chevaux de 3 ans et au-dessus. 2,100 mètres.

Passiflore, par Assault, 3 ans, 48 k. 1/2 (A. Watkins)...................... 1.
Porte-Respect, 4 ans, 56 k. 1/2 (Flat-man)............................ 2.
Propre-à-Rien, 4 ans, 50 k. (Kitchener). 3.
Tapageur, 3 ans, 50 k. (Bundy)......... 0.

⅃Princesse-Royale, 3 ans, 48 k. 1/2 (J.
   Forster)............................ 0.
ⱢJe-n'y-compte-pas, 3 ans, 48 k. 1/2, (J.
   Watkins)........................... 0.
ℲFusée, 3 ans, 48 k. 1/2, (Heffer)........ 0.

Paris : 2/1 contre Passiflore, 3/1 chaque
ɔcontre Porte-Respect et Princesse-Royale et
ɔ5/1 contre Fusée. Gagné d'une demi-longueur.

PRIX DE LA SOCIÉTÉ D'ENCOURAGEMENT. 7,000 fr.
ʁau 2ᵉ 1,400 fr.; pour chevaux de 3 ans.
Ɛ2,200 m.

ℲFinlande, par Ion, 55 k., (C. Pratt)..... 1.
ⱯAgamemnon, 54 k. (Kitchener)......... 2.

Paris : 3/1 pour Finlande. Gagné d'une en-
ɔcolure.

PRIX DE L'EMPEREUR (*handicap*). 2,475 fr.;
ɾau 2ᵉ 475 fr.; pour chevaux de 3 ans et au-
Ɫdessus. 2,400 m.

ɕQuid-Juris, par The-Baron, 5 ans, 60 k. 1/2
   (T. Osborne)...................... 1.
ᴕSauvagine, 4 ans, 53 k. (Kitchener)..... 2.
ⱣPanique, 3 ans, 52 k. (J. Bartholomew).. 3.
ⱢLord-Spleen, 6 ans, 59 k. 1/2 (Chifney).. 0.
ℨEgmont, 3 ans, 51 k. 1/2 (C. Pratt)..... 0.
ⱣPamplemousse, 3 ans, 51 k. 1/2, (G.
   Pratt)............................ 0.
Audacieuse, 3 ans, 45 k. (Bundy)...... 0.

Paris : 2/1 contre Panique, 3/1 contre Quid-
ⱢJuris, 5/1 chaque contre Pamplemousse et

Audacieuse et 8/1 contre Sauvagine. Gagné facilement.

PRIX DU CHEMIN DE FER — COURSE DE HAIES, *handicap*). 1,050 fr.; au 2ᵉ 100 fr.; pour tous chevaux. 3,000 m. 7 haies.

Minouche, par The Baron, 5 ans, 60 k. (C. Planner)................. .... 1.
Braconnier, âgé, 64 k., (T. Smith)...... 2.
Polygone, âgé, 72 k. (R. Agates)........ 3.

Paris : Égalité pour Minouche, 2/1 contre Braconnier, 3/1 contre Polygone. Gagné d'une demi-longueur.

Dimanche 9 juin.

PRIX DU CONSEIL GÉNÉRAL. 1,800 fr.; pour chevaux de 3 ans et au-dessus. 2.000 m. en partie liée.

Propre-à-Rien, parThe EarlyBird, 4 ans (1,000 fr.), 55 k. 1/2 (Chifney)............................	0.	1.	1.
Passiflore, 3 ans (1,000 fr.), 45 k. (A. Watkins).................	1.	2.	2.
Je-n'y-compte-pas, 3 ans (1,000 fr.) 45 k. (J. Forster)...........	3.	3.	3.
Frelon, 4 ans (1,000 fr.), 55 k. 1/2 (Flatman)....................	0.	0.	dis.
Porte-Respect, 4 ans (2,500 fr.), 50 k. (J. Watkins)............	0.	0.	»
Kramouski, 4 ans (1,000 fr.), 55 k. 1/2 (Kitchener)..	2.	dis.	»

Trapageur, 3 ans (1,000 fr.), 45 k.
  (Bundy)...................... 0. dis. »
Reindeer, 4 ans (2,500 fr.), 59 k. 1/2
  (W. Boldrick) .... 0. »   »

Première épreuve. Paris : 6/4 contre Passi-flore ; 4/1 chaque contre Je-n'y-compte-pas, Porte-Respect et Kramouski, et 7/1 contre Propre-à-Rien. Gagné d'une demi-longueur.

Deuxième épreuve. Paris : Égalité pour Pasiflore ; 2/1 chaque contre Kramouski et Propre-à-Rien. Gagné d'une longueur.

Troisième épreuve. 6/4 pour Propre-à-Rien. Gagné facilement. Le gagnant a été réclamé par son propriétaire pour 1,575 fr.

PRIX DE LA SOCIÉTÉ (*handicap*). 1,150 fr.; au 2ᵉ 283 fr. 30 c.; au 3ᵉ 116 fr. 65 c.; pour tous chevaux de 3 ans et au-dessus. 2,200 m.

Audacieuse, par The Baron, 3 ans, 61 k.
  1/2, (M. J. de Saint-Vallier)........... 1.
Allons-Donc, 3 ans, 60 k. 1/2 (M. d'É-
  treillis).. .... 2.
Sauvagine, 4 ans, 71 k. 1/2 (M. Macken-
  zie Grieves) .... 3.
Rioter, 4 ans, 78 k. (le propriétaire).... 0.
Biribi, 6 ans, 73 k. (M. le duc de Cade-
  rousse-Gramont)..... .... 0.
Noble-Cœur, 4 ans, 72 k. 1/2 (M. H. A.
  Blount)........................... 0.
Robinson, 4 ans, 70 k. (le propriétaire).. 0.
Princesse-Royale, 3 ans, 60 k. 1/2 (M. le
  capitaine Hunt)................... 0.

Paris : 3/1 contre Robinson, 4/1 contre Rioter, 5/1 contre Sauvagine, 7/1 contre Audacieuse et 10/1 contre Biribi. Gagné d'une longueur.

PRIX DE SATORY. 2,650 fr.; pour chevaux de 3 ans et au-dessus. 4,000 m.

Palestro, par Fitz-Gladiator, 3 ans, 47 k.
    1/2 (A. Watkins)............ a couru seul.

GRAND PRIX DE LA VILLE (*handicap*). 3,350 fr.; au 2ᵉ 350 fr.; pour chevaux de 3 ans. 2,100 m.

Egmont, par Fitz-Gladiator, 3 ans, 55 k.
    (C. Pratt)........................ ...... 1.
Amiral, 3 ans, 47 k. 1/2, (J. Forster)... 2.
Lilas, 3 ans, 46 k. (J. Watkins)....... 3.
Le-Cèdre, 3 ans, 49 k. 1/2 (Bundy)..... 0.
Oberon II, 3 ans, 48 k. 1/2 (G. Pratt)... 0.
Merlette, 3 ans, 46 k., (Kitchener)..... 0.

Paris : 6/4 contre Le-Cèdre, 5/2 contre Merlette, 4/1 contre Lilas, 6/1 chaque contre Amiral et Oberon, et 8/1 contre Egmont. Gagné de deux longueurs.

COURSE DE HAIES (*handicap*). 1,500 fr.; pour tous chevaux n'ayant pas gagné en 1861 de course de haies. 2,100 m., 5 haies.

Polygone, par Caravan, âgé, 70 k. 1/2
    (R. Agates)......................... 1.
Princesse-de-la-Paix, 5 ans, 65 k. (Philibert Birée) .... 2.

1 Braconnier, âgé, 65 k. (T. Smith)......   0.
1 Revoke, 5 ans, 62 k. 1/2 (W. Boldrick)..   0.
4 Miss-Harkaway, âgé, 59 k. (Holmes).....   0.
1 Topsy, 4 ans, 57 k. 1/2 (C. Planner)....   0.

Paris : 6/4 contre Princesse de la Paix, 3/1
o chaque contre Braconnier et Polygone, 15/1
o contre Topsy. Gagné d'une longueur.

ANGERS

Lundi 3 juin.

PRIX DÉPARTEMENTAL. 1,980 fr; au 2e 60 fr.;
qpour chevaux de 3 ans et au-dessus, du dé-
qpartement. 4,000 m.

1 Pharaon, par Gladiator ou Nautilus, âgé,
   64 k., (Joseph)............... ....   1.
1 Peu-de-Chance, 4 ans, 60 k. (J. Love)...   2.
4 Plume-Coq, 5 ans, 62 k. 1/2 (D. Edwards).   0.
1 Perle-Fine, 4 ans, 58 k. 1/2 (Auguste)..   0.
   Gagné facilement.

PRIX BIENNAL· 1861-1862. 2,700 fr.; pour
ochevaux de 3 ans, de l'Ouest, 54 k. 2,000 m.

1 Beau-Soleil, par Caravan (Hearnden)....   1.
1 Périlleux (Jordan fils)..................   2.
1 Lignières (Joseph)... .. ..   0.
1 La-Chatte (J. Love)...... ....   0.

Ralph (D. Edwards)...................... 0.
Gagné facilement.

PRIX PRINCIPAL. 2,500 fr.; pour chevaux de
3 ans et au-dessus. 3,000 m.
Capucine, par Gladiator, 56 k. 1/2
(Spreoty) .... a couru seule.

PRIX DE CIRCONSCRIPTION. 780 fr.; pour che-
vaux de 3 ans et au-dessus, de l'Ouest.
2,000 m.
Biribi, par Strongbow, 6 ans, 67 k. (J.
Cassidy)............................... 1.
Martinette, 4 ans, 59 k. 1/2 (François).. 2.
Sagitta, 4 ans, 58 k. 1/2 (Joseph)...... 0.
Zut, 5 ans, 64 k. (D. Edwards)......... 0.
Blind-Girl, 3 ans, 51 k. (Hearnden)..... 0.
Gagné d'une longueur.

PRIX DE LA VILLE. 1,680 fr.; pour chevaux
de 3 ans et au-dessus. 2,100 m.
Oberon-II, par Iago, 3 ans, 52 k. (Spreo-
ty)..................................... 1.
Idole, 4 ans, 56 k. 1/2 (J. Love)........ 2.
Gagné facilement.

Mercredi 5 juin.

PRIX SPÉCIAL. 1,500 fr.; pour chevaux des
3 ans. 2,000 m.
Panique, par Alarm, 52 k. 1/2 (J. Bartholomew)............................... 1.
Lignières, 54 k. (a porté 56 k.) (Joseph). 2.

1 La-Chatte, 52 k. 1/2 (J. Love)......... 0.
    Gagné facilement.

PRIX DU CHEMIN DE FER (*Gentlemen-riders*). 550 fr.; pour tous chevaux de 3 ans et au-dessus. 1,500 m.

1 Pharaon, par Gladiator, âgé, 66 k. 1/2
    (le propriétaire)..................... 1.
2 Ben-Leil, 5 ans, 66 k. 1/2 (M. le comte
    de Saint-Sauveur) .... 2.
    Gagné très-facilement.

PRIX BIENNAL 1860-1861. 3,200 fr.; pour chevaux de l'Ouest, nés en 1857. 60 k. 3,000 m.

Peu-de-Chance, par Iago (Karl)........ 1.
Idole (J. Love)...................... 2.
Martinette (François)................ 3.
Perle-Fine (Joseph).................. 0.
Darius, pu b. (J. Cassidy)........... 0.
    Gagné très-facilement.

PRIX DE L'EMPEREUR. 6,650 fr.; au 2ᵉ 700 fr.; pour chevaux de 5 ans de l'Ouest. 54 k. 2,100 m.

Beau-Soleil, par Caravan (Hearnden).... 1.
Saint-Aignan (J. Maxted)............... 2.
Oberon II (J. Bartholomew)............. 3.
Périlleux (H. Jordan fils)............. 0.
    Paris : Égalité pour l'écurie de M. de Che-mellier, 5/2 contre Saint-Aignan, 4/1 contre Oberon. Gagné d'une longueur.

COURSE DE HAIES. 650 fr.; pour tous che-vaux. 2,200 m.

Janvier, par Iago, 4 ans, 60 k. (Edwards).. 1..
Ben-Leil, 5 ans, 67 k. (M. le comte de
  Saint-Sauveur)....................... 0.

COURTALAIN

Dimanche 9 juin.

COURSE DE GENTLEMEN. Un objet d'art pour tous chevaux autres que de pur sang.

Yvonnette, âgée.................... 1.
  Battant 5 concurrents.

400 fr. pour tous chevaux. 3,000 m.

Isabelle, âgée..................... 1.
Yvonnette, âgée .... 2..

MONTAUBAN

Jeudi 13 juin.

PRIX DE LA VILLE. 1,400 fr.; au 2e 500 fr.; pour chevaux de 3 ans et au dessus. 3,000 m..

Bouillabaisse, par Saint-Germain, 3 ans,
  49 k. (H. Jordan fils)............... 1..
Miseria, 3 ans, 43 k. (R. Paul).......... 2.

Œarius, 3 ans, 44 k. 1/2 (H. Paul)...... 3.
Mlle-Viraguet, 3 ans, 43 k. (W. Wheeler) 4.

PRIX DU MIDI ET DE L'OUEST. 1,900 fr.; au 2ᵉ 1800 fr.; pour chevaux de 3 ans et au-dessus. 4,000 m.

Pilgrim, par Sting, 5 ans, 67 k. 1/2 (W. Ludlam)........................... 1.
Cadet-Roussel, 3 ans, 43 k. 1/2 (E. Cutler) 2.

Gagné facilement.

PRIX DU CHEMIN DE FER. 950 fr.; au 2ᵉ 300 fr. pour chevaux de 3 ans et au-dessus. 2,200 m.

Selim, par Napier, 5 ans (2,000 fr.) 60 k. 1/2 (Burns)........................ 1.
Fanny, 6 ans (4,000 fr.), 47 k. 1/2 (P. Prunet)........................... 2.
Mlle-Jenny, 4 ans (2,000 fr.), 56 k. (Middleditch)........................ 3.
Fairy-Queen, 5 ans (4,000 fr.), 62 k. (R. Wright)........................... 4.
Ismaël, 5 ans (500 fr.), 56 k. 1/2 (Staples) 0.
Médaille, 3 ans (500 fr.), 48 k. 1/2..... 0.

Gagné d'une encolure. Le gagnant a été réclamé par son propriétaire pour 2,175 fr.

PRIX DE FOND.

Fend-l'Air........................... 1.
Battant huit concurrents.

Dimanche 16 juin.

PRIX DU CONSEIL GÉNÉRAL. 950 fr.; au 2ᵉ 200

fr.; pour chevaux de 3 ans et au-dessus.
2,200 m.

Epoch, par Ionian, 5 ans, 61 k. 1/2 (P.
Prunet)................ .... **1.**
Marcoussis, âgé, 61 k. 1/2 (Julien)... .. **2.**
Fanfaron, âgé, 61 k. 1/2 (H. Cutler).... **3.**

Gagné facilement.

PRIX DES HARAS. 2,900 fr.; au 2ᵉ 300 fr.; pour
chevaux de 4 ans et au-dessus 4 000 m. en
partie liée.

Cyllarus. par Collingwood, 4 aus, 60
k. (Ribière)...................... **1. 1.**
Fanning, 5 ans, 63 k. (Middleditch). **2. 2.**
Sélim, 5 ans, 63 k. (Burns)......... **0. »**
Sylvio, 4 ans, 60 k. (Simpson)..... **0. »**

Première épreuve. Gagné d'une tête.

Deuxième épreuve. Par suite d'un arrange-
ment fait entre les propriétaires, Cyllarus et
Fanning ont fourni le parcours sans lutter.

PRIX DE L'HIPPODROME. 950 fr.; au 2ᵉ 400 fr.;
pour chevaux de 3 ans. 2,200 m.

Bouillabaisse, par Saint-Germain, 55 k.
1/2 (H. Jordan fils)................. **1.**
Cadet-Roussel, 54 k. (H. Cutler)........ **2.**
Ethon. 54 k. (Ribière)............ ..... **3.**
Nana-Saïb, 54 k. (Staples)............. **0.**
Miseria, 52 k. 1/2 (H. Paul) .... **0.**
Mlle Viraguet, 52 k. 1/2 (Middleditch).. **0.**
Fanny, 52 k. 1/2 (H. Prunet)......... **0.**

Gagné facilement.

Lundi 17 juin.

PARI PARTICULIER. 2,000 m.

Tamara, par Cossack, 3 ans, 62 k. 1/2...   1.
Fanny, 6 ans, 62 k. 1/2................   2.
   Gagné facilement.

PARI PARTICULIER. 4,000 m.

Octava, par Loto, âgée, 74 k.... .....   1.
Pollux, âgé, 79 k. ....,....   2.
   Gagné facilement.

—

CORLAY

Lundi 17 juin.

PRIX DE LA COMMUNE. 250 fr.; au 2e 100 fr.;
pour chevaux de demi-sang de 3 ans, 56 k.
2,000 m.

Agitation, par Agitation (Trévidy)......   1.
Bélizaire (Boloré)............ ....   2.
   Battant cinq autres concurrents.

PRIX DU DÉPARTEMENT. 300 fr.; au 2e 150 f.;
pour chevaux de 3 et 4 ans. 2,000 m. en partie
liée.

Agitation, par Agitation, 3 ans, 56 k.
   (Trévidy)...................... ....   1.   1.
Mazarin, 4 ans, 65 k. (Carré)......   2.   2.

Punch, 4 ans, 65 k. (Kergreis)..... 3. 2.
Deux autres concurrents distancés.

PRIX DES HARAS. 600 fr.; au 2ᵉ 300 fr.; au 3ᵉ 100 fr.; pour chevaux de demi-sang de 3 et 4 ans, de l'Ouest. 4,000 m.

Numa, par Électrique, 4 ans, 65 k. (Trévidy).................................. 1.
Longpré, 5 ans, 73 k. (Carré)........... 2.
Casse-Cou, 5 ans, 70 k. (Boloré)........ 3.
Thérézine, 4 ans, 65 k .... 4.
Rachel, 5 ans, 70 k. (Flamand).......... dis.

Rachel est arrivée la première, mais son jockey n'ayant pu justifier à son arrivée, du poids exigé par le programme, la jument a été déclarée *distancée.*

—

TOULOUSE

Dimanche 30 *Juin.*

PRIX DES CHEMINS DE FER. 1,200 fr.; au 2ᵉ, 175 fr., pour chevaux de 3 ans et au-dessus. 2,000 m.

Bouillabaisse, par Saint-Germain, 3 ans, 51 k. 1/2 (H. Jordan fils). .... 1.
Fredaine, 3 ans, 48 k. 1/2 (T. Williams) 2.
Mlle-Jenny, 4 ans, 62 k. 1/2 (Middleditch)................................. 3.
Chalusset, 5 ans, 66 k. 1/2 (C. Brown).. 0.
Cadet-Roussel, 3 ans, 50 k. (H. Cutler) . 0.

Élise, 3 ans, 48 k. 1/2 (Prunet)............ 0.

PRIX DÉPARTEMENTAL 1,687 fr. 50; au 2e,
187fr. 50 c., pour chevaux de 3 ans. 2,200 m.
Sans-Vanité, par Sting, 54 k. (H. Cutler). 1.
Mousquetaire, 54 k. (H. Jordan fils).... 2.
Saïb, 54 k. (Burns).................... 3.
Plaisir-des-Dames, 54 k. (T. Williams).. 0.

PRIX DE LA SOCIÉTÉ D'ENCOURAGEMENT. 2,300 f.
pour chevaux de 3 ans et au-dessus. 2,400 m.
Arcole, par Hernandez, 3 ans, 50 k. (A.Wat-
    kins)............................... ... 1.
Pilgrim, 5 ans, 62 k. 1/2 (W. Ludlam).. 2.
Durandale, 5 ans, 61 k. (Hearnden)..... 3.

PRIX DES HARAS. 1,475 fr.; au 2e, 200 fr.,
pour chevaux de 3 ans et au-dessus. 2,000 m.
Solange, par Hernandez, 3 ans, 48 k. 1/2 (A.
    Watkins) .... 1.
Minos, 3 ans, 50 k. (H. Paul)....... ... 2.
Jonathas, 4 ans, 60 k. (J. Forster)..... . 3.
Tintamarre, 4 ans, 60 k. (Hearnden).... 0.
Cyllarus, 4 ans, 60 kil. (Ribière)........ 0.
Fredaine, 3 ans, 48 k. 1/2 (T. Williams). 0.

Jeudi 4 Juillet.

PRIX DU POLYGONE (*gentlemen-riders*). 1,125 f.
pour chevaux de 3 ans et au-dessus. 2,400 m.
Chalusset, par Ioniau, 5 ans, 68 k. (le pro-
    priétaire)................................ 0.
Sélim, 5 ans, 68 k................ 0.
    Battant Stella et Triste-Mine.

PRIX SPÉCIAL. 1,500 fr. pour chevaux de 3 ans. 2,000 m.

Bouillabaisse, par Saint-Germain. 55 k. 1/2 (H. Jordan fils) .... 1.
Minos, 54 k. (H. Paul) .... 2.
Fredaine, 52 k. 1/2 (T. Williams) ...... 3.
Solange, 52 k. 1/2 (A. Watkins) .... 0.
Mlle-de-Sirvenon, 52 k. 1/2 (Middleditch) 0.
Artaban, 54 kil. (H. Prunet) .... 0.
Stina, 54 k. (P. Prunet) .... 0.

PRIX DE L'EMPEREUR. 1,587 fr. 50; au 2ᵉ, 87 fr. 50 c., pour chevaux de 3 ans et au-dessus. 2,000 m.

Merlin, par Sting, 4 ans, 60 k. (Burns) ... 1.
Arcole, 3 ans, 53 k. (A. Watkins) .... 2.
Jonathas, 4 ans. 60 k. (J. Forster) ...... 3.
Fougère, 4 ans, 58 k. 1/2 (Mizen) ...... 0.
Mlle-Jenny, 4 ans, 58 k. 1/2 (Middleditch). 0.
Plaisir-des-Dames, 3 ans, 53 k. (T. Williams) .... 0.

PRIX DE LA SOCIÉTÉ, 6,875 fr.; au 2ᵉ, 1,885 fr., pour chevaux de 3 ans et au-dessus. 3,000 m.

Palestro, par Fitz-Gladiator, 3 ans, 53 k. 1/2 (A. Watkins) .... 1.
Grabuge, 3 ans, 50 k. 1/2 (J. Watkins). 2.
Dangu, 4 ans, 56 k. 1/2 (Mizen) .... 3.
Bissextil, 5 ans, 67 k. (C. Brown) .... 0.
Fairy-Queen, 5 ans, 67 k. 1/2 (R. Wright) 0.
Ionienne, 5 ans, 50 k. 1/2 (W. Ludlam).. 0.

Dimanche 7 juillet.

PRIX DE L'HIPPODROME (*handicap*). 2,575 fr.; au 2e, 575 fr., pour chevaux de 3 ans et au-dessus. 2,200 m.

Pilgrim, par Sting, 5 ans, 61 k. (Burns). 1.
Grabuge, 3 ans, 54 k. 1/2 (J. Watkins).. 2.
Ionienne, 5 ans, 54 k. (W. Ludlam).... 3.
Christina, 6 ans, 52 k. (H. Cutler)..... 0.
Plaisir-des-Dames, 3 ans, 46 k. 1/2 (T. Williams).............................. 0.
Mlle-de-Sirvenon, 3 ans, 43 k. 1/2 (W. Wheeler) .... 0.

PRIX PRINCIPAL. 2,500 fr. pour chevaux de 3 ans et au-dessus. 3,000 m.

Jonathas, par Sting, 60 k. (J. Forster).. 1.
Merlin, 4 ans, 60 k. (Burns)........... 2.
Arcole, 3 ans, 50 k. 1/2 (A. Watkins).... 3.
Solange, 3 ans, 49 k. (Mizen).......... 0.
Bouillabaisse, 3 ans, 49 k. (H. Jordan fils) .... dist.

Bouillabaisse, arrivée la première, a été déclarée *distancée* pour avoir coupé Jonathas.

PRIX DE LA VILLE. 4,450 fr.; au 2e, 450 fr., pour chevaux de 4 ans et au-dessus. 2,400 m.
Pauvre-Hère, par Y.-Lanercost, 4 ans, 55 k. (J. Watkins)........................ 1.
Bissextil, 5 ans, 58 k. 1/2 (C. Brown)... 2.
Fougère, 4 ans, 53 k. 1/2 (A. Watkins). 3.
Fanning, 5 ans, 58 1/2 (Middleditch).... 0.

HANDICAP LIBRE. 1,250 fr.; au 2e, 50 fr., pour chevaux de 3 ans et au-dessus, n'ayant ni gagné, ni reçu 500 fr. comme second à Toulouse en 1861. 2,200 m.

Mousquetaire, par Minotaur, 3 ans, 52 k. 1/2 (H. Jordan fils)........ .... 1.
Durandale, 5 ans, 57 k. (W. Hardy).... 2.
Mlle-Jenny, 4 ans, 55 k. (Middleditch).. 3.
Christina, 6 ans, 57 k. (H. Cutler)..... 0.
Fairy-Queen, 5 ans, 55 k. (R. Wright).. 0.
Selim, 5 ans, 52 k. (Burns) .... 0.
Fredaine, 3 ans, 48 k. (T. Williams)... 0.
Saïb, 3 ans, 48 k. (H. Paul)........... 0.

—

SAINT-OMER

Dimanche 7 juillet.

COURSE DE HAIES. 1,800 fr. pour tous chevaux. 4,000 m.

Surprise, par The-Prime-Warden, âgée, 65 k. (L. Lefur)...... .... 1.
Polygone, âgé, 64 k. (J. Cassidy)... 2.
Bièvre, âgé, 65 k. (M. le capitaine Hunt) 3.
Minouche, 5 ans, 62 k. (C. Planner)..... 0.
Young Magnet, âgé, 68 k. 1/2 (M. de Saint-Germain) .... 0.
Grey-Peter, âgé, 69 k. (Boyce)......... 0.
Gagné facilement.

PRIX DE LA VILLE. 1,900 fr. pour chevaux de 3 ans et au-dessus. 2,000 mètres.

Nuncia, par Nuncio, 5 ans, 61 k. (C. Pratt) 1.
Amiral, 3 ans, 50 k. (G. Pratt)........... 2.

Gagné très-facilement.

PRIX DES HARAS. 2, 600 fr.; au 2ᵉ 100 fr.; pour chevaux de 3 ans et au-dessus. 2,000 m. en partie liée.

Oberon II, par Iago, 3 ans, 50 k. (J. Bar-
    tholomew)....................... 1. 1.
Vexin, 4 ans, 63 k. (Chifney)....... 2. 2.
Tam-Tam, 3 ans, 50 k. (G. Pratt).. 4. 3.
Lilas, 3 ans, 48 k. 1/2 (J. Watkins). 3. 4.

Première épreuve. Gagné d'une demi-lon-gueur. *Deuxième épreuve.* Gagné facilement.

ROCHEFORT

Dimanche 14 juillet.

OMNIUM. 3,000 fr.; au 2ᵉ 100 fr.; pour che-vaux de 3 ans et au-dessus. 3,500 m.

Gisa, par Espérance, 4 ans, 60 k. 1/2 (D.
    Ellam).............................. 1.
Miss-Alarm, 4 ans, 56 k............ 2.

Gagné d'une demi-longueur.

PRIX DE CIRCONSCRIPTION. 780 fr. pour che-vaux de l'Ouest. 2,000 m.

Polichinelle, par The-Prime-Warden, 3
    ans, 51 k. (L. Lefur)................... 1.
Branche-d'Or II, 4 ans, 61 k. 1/2......... 2.
    Gagné facilement.

PRIX DE LA VILLE. 1,900 fr.; au 2ᵉ 50 fr.
pour chevaux de 3 ans et au-dessus, de l'Ouest
et du Midi. 2,500 m.

Peu-de-Chance, par Iago, 4 ans, 60 k. (D.
    Edwards).............................. 1.
Mousquetaire, 3 ans, 51 k.............. 2.
    Battant un troisième concurrent. Gagné fa-
cilement.

—

SAINT-BRIEUC

Dimanche 14 juillet.

PRIX DÉPARTEMENTAL. 300 fr., pour chevaux
de demi-sang de 3 ans, 54 k. 2,000 m.

Agitation, par Agitation (Trévidy)....... 1.
Bon-Espoir (Pierre) .... 2.
Horace (Carré)........................ 3.
    Trois autres chevaux non placés.

PRIX SPÉCIAL. 1,500 fr. pour chevaux de
3 ans. 2,500 m.

Lignières, par Brocardo, 54 k. (Joseph). 1.
Egmont, 54 k. (Flatman)............... 2.
Tolla, 55 k. 1/2 (A. Pantal)........... 3.
    Gagné facilement.

PRIX DÉPARTEMENTAL. 300 fr. Au 2ᵉ, 100 fr., pour chevaux de 3 ans, des circonscriptions d'Hennebont et de Lamballe. 54 k. 2,000 m.

Nautilette, par Nautilus (Carnec)........ 1.
Agitation (L. Croiser)................... 2.
Bon-Espoir (Pierre)..................... 3.
   Cinq chevaux non placés.

PRIX DE CIRCONSCRIPTION. 780 fr. pour chevaux de l'Ouest, 2,500 m.

Perle-Fine, par Caravan, 4 ans, 58 k. 1/2
   (Joseph)............................... 1.
Idole, 4 ans, 58 k. 1/2 (J. Love)........ 2.
Plume-Coq, 5 ans, 65 k. 1/2............. 0.
Ulysse, 5 ans, 65 k. 1/2................. 0.
   Gagné facilement.

Lundi 15 juillet.

PRIX DÉPARTEMENTAL. 400 fr. pour chevaux de demi-sang de 3 à 7 ans. 3,000 m.

Brehand, par Nautilus, 3 ans (Carnec).. 1.
Numa, 4 ans (Flamand)................ 2.
Alma, 4 ans (Trévidy)................. 3.

PRIX PRINCIPAL. 2,500 fr. pour chevaux de 3 ans et au-dessus. 2,000 m., en partie liée.

Forestier, par Lanercost, 6 ans, 63 k.
   1/2 (Mundy)...... .... 1. 1.
Rioter, 4 ans, 60 k. (J. Cassidy).... 2. 2.
Tolla, 3 ans, 49 k. 1/2 (A. Pantal).. 3. 3.
Egmont, 3 ans, 51 k. (Flatman)..... 4. 4.
   Gagné d'une encolure à chaque épreuve.

PRIX DE L'EMPEREUR. 900 fr. au 2ᵉ, 300 fr. au 3ᵉ, 200 fr. au 4ᵉ, 100 fr., pour tous chevaux des circonscriptions de Lamballe et d'Hennebont. 3,000 m.

Mlle-Carhaix, par Carhaix, 6 ans, 67 k. 1/2 (le propriétaire)............................... 1.
Williette, 5 ans 63 k. (Trévidy)......... 2.
Carhaix, âgé, 66 k. (Carré).. .... 3.
Trois autres chevaux non placés.

COURSE DE HAIES. 100 fr. au 2ᵉ, 50 fr., pour chevaux de 4 à 7 ans, de l'Ouest. 2,500 m.

Longpré, 5 ans, 66 k. (Béloré)......... 1.
Thérézine .... 2.

Mardi 16 juillet.

PRIX DU DÉPARTEMENT. 400 fr. au 2ᵉ, 100 fr. pour chevaux de 3 à 7 ans. 3,000 m.

Ambulante, par Voyageur, 3 ans, 49 k. 1/2 (Pierre)................................. 1.
Numa, 4 ans, 50 k. (Flamand) .... 2.
Alma, 4 ans, 54 k. 1/2 (Trévidy).. .... 3.
Deux chevaux non placés.

PRIX DES HARAS. 2,500 fr. pour chevaux de ans et au-dessus, de l'Ouest 1,000 m.

Biribi par Ion ou Strongbow, 6 ans, 64 k. (J. Cassidy)............................ 1.
Pharaon, âgé, 64 k. (Joseph)......... 2.
Idole, 4 ans, 60 k (J. Love) .... 3.
Gagné facilement.

MONT-DE-MARSAN

Samedi 20 juillet.

PRIX SPÉCIAL. 1,500 fr.; pour chevaux de
3 ans. 2,000 m.

Barbe-d'Or, par Womersley (Hearnden).	1.
Poésie (H. Paul)...................	2.
Solange (D. Ellam)................	3.
La-Boulangère	4.
Péniche	5.
Fantaisie.........................	6.

Gagné facilement.

PRIX DE LA VILLE. 2,400 fr.; pour chevaux
de 3 ans et au-dessus, du Midi. 2,300 m.

Bissextil, par Malton, 5 ans, 65 k. 1/2 (C. Brown)........................	1.
Donnienne, 5 ans, 62 k. 1/2 (Ludlam)...	2.
Minos, 3 ans, 51 k. (Burns)...........	3.

Non placés : Victorine, Grippe-Sou, Faugeras.

Gagné de deux longueurs.

Lundi 22 juillet.

PRIX DE L'EMPEREUR. 8,000 fr.; au 2e 200 fr ;
pour chevaux de 3 ans. 2,100 m.

Sans-Vanité, par Sting, 53 k. (Charett).	1.
Minos, 53 k. (Burns)........	2.
Barbe-d'Or, 51 k. 1/2 (Hearnden)......	3.
Beau-Sire, 53 k. (H. Jordan fils)	4.

Non placés : Récompense, Oberon, Grippe-Sou.

Gagné facilement.

PRIX DE LA SOCIÉTÉ D'ENCOURAGEMENT. 2,800 fr.; pour chevaux de 3 ans et au-dessus. 2,400 m.

Ionienne, par Mokanna ou Ionian, 5 ans, 65 k. 1/2 (Ludlam).................. 1.
Pilgrim, 5 ans, 62 k. (Hearnden)....... 2.
Solange, 3 ans, 49 k. 1/2.............. 3.
Gagné d'une longueur.

PRIX PRINCIPAL. 2,500 fr.; pour chevaux de 3 ans et au-dessus. 3,000 m.

Bissextil, par Malton, 5 ans, 66 k. (C. Brown)........................... 1.
Ferrari, 3 ans, 49 k. (Burns)........... 2.
Mlle-Jenny, 4 ans, 58 k. 1/2........... 3.
Fougère, 4 ans, 58 k. 1/2............. 4.
Non placés : Jupiter, Poésie, Christina.

Mardi 23 *juillet.*

OMNIUM. 2,100 fr.; au 2ᵉ 600 fr.; pour chevaux de 3 ans et au-dessus. 2,000 m.

Saïb, par Napier, 3 ans, 46 k. 1/2 (Burns) 1.
Récompense, 3 ans, 45 k. (Cutler jeune) 2.
Pilgrim, 5 ans, 67 k. (Ludlam)... 3
Non placés : Miramon, Grippe-Sou, Faugeras, Solange.

PRIX IMPÉRIAL. 4,000 fr.; pour chevaux de 4 ans et au-dessus. 4,500 m.

[Bissextil, par Malton, 5 ans, 58 k. 1/2 (C.
    Brown)..............................   1.
[Rioter, 4 ans, 55 k. (J. Titchener).. ...   2.
) Goëlette, 6 ans, 58 k. 1/2 (D. Ellam)...   3.
[Mlle-Jenny, 4 ans, 52 k. 1/2..........   4.
    Gagné facilement.

—

AMIENS

Dimanche 21 juillet.

PRIX DU CONSEIL GÉNÉRAL. 1,100 fr. ; pour
chevaux de 3 ans et au-dessus. 2,400 m.
Rigoletto, par The-Baron, 4 ans (2,000 fr.),
    55 k. (Greenwood)..................   1.
Noble, 6 ans (4,000 fr.), 63 k. 1/2 (C.
    Pratt)............................   2.
Princesse-Royale, 3 ans (2,000 fr.), 44 k.
    1/2 (J. Forster)....................   3.
Noble-Cœur, 4 ans (1,000 fr.), 52 k. (A. Wat-
    kins)............................   0.
    Gagné d'une longueur.

PRIX DE LA SOCIÉTÉ D'ENCOURAGEMENT. 2,200 fr.
pour chevaux de 3 ans et au-dessus. 2,400 m.
Oberon II, par Iago, 3 ans, 51 k., à
    M. Reiset (J. Bartholomew)..........   1.
Minouche, 5 ans, 60 k. 1/2 (W. Carter)..   2.
Peau-Rouge, 3 ans, 51 k. (J. Forster)...   3.
    Paris : Egalité pour Oberon et 2/1 contre
Minouche. Gagné d'une encolure.

PRIX DES HARAS. 2,450 fr.; au 2ᵉ 150 fr.; pour chevaux de 3 ans et au-dessus, 3,200 m.

Angus, par Castor, 3 ans, 51 k. (Flat-
man)................. .... 1.
Gisa, 4 ans, 58 k. 1/2 (C. Pratt)....... 2.
Dangu, 4 ans, 60 k. (A. Watkins)...... 3.

Paris : 2/1 pour Gisa et Dangu couplés. Gagné d'une longueur.

PRIX DE LA SOCIÉTÉ (*handicap*). 2,700 fr.; au 2ᵉ 500 fr.; pour chevaux de 3 ans et au-dessus. 3,200 m.

Pauvre-Hère, par Y. Lanercost, 4 ans,
    59 k. (Flatman)....................... 1.
Princesse-de-la-Paix, 5 ans, 53 k. 1/2
    (C. Pratt)........................... 2.
Audacieuse, 3 ans, 49 k. (Bundy).. .... 3.
Lord-Spleen, 6 ans, 55 k. (Chifney).... 0.
Freyschutz, 3 ans, 51 k. 1/2 (J. Bartholo-
    mew)............................... 0.
Passiflore, 3 ans, 50 k.. (A. Watkins)... 0.

Paris : 2/1 contre Lord-Spleen, 3/1 chaque contre Pauvre-Hère et Princesse-de-la-Paix, et 5/1 contre Freyschutz. Gagné facilement.

———

VANNES

Dimanche 21 juillet.

PRIX DES HARAS. 1,480 fr.; pour chevaux de 4 ans et au-dessus, de l'Ouest. 4,000 m.

Pharaon, par Nautilus ou Gladiator, âgé,
   67 k. (Joseph)..... .... 1.
Zut, 6 ans, 65 k. 1/2 (D. Edwards)..... 2.
   Gagné facilement.

PRIX DU MINISTÈRE. 500 francs, pour chevaux
de demi-sang, de 3 ans et au-dessus, de la
Bretagne. 2,000 mètres en partie liée.
Bréhand, par Nautilus, 4 ans, 60 k.
   (Carnec).. ... . 1. 1.
Carhaix, âgé, 63 k. 1/2 .... 2. »
COURSE DE HAIES. (*Gentlemen riders*). 300 fr.,
pour tous chevaux autres que de pur sang.
Casse-Cou, âgé, 66 k. (M. Cadiou) a couru seul.

Lundi 22 *juillet.*

PRIX DU DÉPARTEMENT. 400 fr., pour chevaux
autres que de pur sang, de 3 ans et au-dessus,
de la Bretagne. 2,000 mètres en partie liée.
Bréhand, par Nautilus, 4 ans, 60 k.
   (Carnec)... . . .. 1. 1.
Horace, 3 ans, 60 k. (le propriétaire) 0.

PRIX DE CIRCONSCRIPTION. 780 fr.; pour chevaux de 3 ans et au-dessus, de l'Ouest. 2,000m.
en partie liée.
Pharaon, par Nautilus ou Gladiator,
   âgé, 68 k. (Joseph)............. 1. 1.
Zut, 6 ans, 64 k. 1/2 (D. Edwards). 2. »
   Gagné très-facilement.

LAMBALLE

Dimanche 21 juillet.

PRIX DES HARAS. Un équipage de course, pour chevaux de demi-sang. de 3, 4 et 5 ans des circonscriptions de Lamballe et d'Hennebont. 2.000 mètres.

Electrique, 3 ans, 51 k. (Boloré), a couru seul.

PRIX DE LA SOCIÉTÉ. 400 fr.; au 2e 50 fr., pour chevaux de demi-sang, de 3, 4 et 5 ans, des mêmes circonscriptions. 3,000 mètres.

Williette, par William, 5 ans, 69 kilog. (Trévidy) ....   1.
Numa, 4 ans, 63 k. (Flamand).. .. .. ..   2.
Longpré, 5 ans, 69 k. (Boloré)....... ..   3.
Electrique, 3 ans, 50 k. (Croisel,.. . .   4.

Lundi 22 juillet.

POULE D'AMATEURS. 100 fr., pour tous ch.-vaux. 2,000 mètres.

Ulysse, par Ulysse, âgé (M. de Lépineau)   1.
Miss Carhaix, 6 ans (le propriétaire)....   2.
Electrique, 3 ans (le propriétaire).......   3
Duguesclin, âgé (M. Dubouay)....   0

BOULOGNE-SUR-MER

Jeudi 25 juillet.

PRIX DE L'EMPEREUR. 1,725 fr.; pour chevaux de 3 ans et au-dessus, 2,100 m.

Fabius, par Fitz-Gladiator, 3 ans, 46 k. 1/2 (A. Watkins)...................... 1.
Oberon II, 3 ans, 47 k. 1/2 (Kitchener) . 2.
Dangu, 4 ans, 55 k..... (C. Pratt)..... 3.
Gagné d'une encolure.

GRAND PRIX DE LA VILLE (*handicap*). 5,300 fr.; au 2ᵉ 200 fr.; pour tous chevaux de 3 ans et au-dessus. 4,000 m.

Phare, par Elthiron, 5 ans, 59 k. (Chifney)................................. 1.
Gouvieux, 6 ans, 68 k. (C. Pratt)....... 2.
Lord-Spleen, 6 ans, 55 k. (a porté 57 k.) (J. Bartholomew)................. 3.
Princesse-de-la-Paix, 5 ans, 54 k. (Arnott)................................ 0.
Audacieuse, 3 ans, 47 k. (Bundy)...... 0.
Euryanthe, 3 ans, 46 k. (Kitchener)..... 0.
Paris : 3/1 chaque contre Princessse-de-la-Paix et Lord-Spleen, 4/1 contre Phare et 5/1 contre Audacieuse. Gagné facilement. Princesse-de-la-Paix est tombée vers le milieu du parcours.

PRIX SPÉCIAL. 2,000 fr.; pour chevaux de 3 ans et au-dessus. 2,500 m.

Beauvais, par Elthiron, 4 ans, 63 k. (Chifney)...................................... 1.
Angelo, 4 ans, 60 k. (A. Watkins)...... 2.
Surprise, 4 ans, 58 k. 1/2 (C. Pratt).... 0.

    Paris : 5/4 pour Angelo. Gagné d'une tête.

PRIX IMPÉRIAL. 4,000 fr.; pour chevaux de 4 ans et au-dessus. 4,000 m. en partie liée.

Light, par The Prime-Warden, 5 ans, 62 k. 1/2 (C. Pratt)............... 1. 1.
Phare, 5 ans, 58 k. 1/2 (Chifney)... 2. »

    PRIX A RÉCLAMER. 1,800 fr.; pour chevaux de 3 ans et au dessus. 2,200 m.

Passiflore, par Assault, 3 ans (2,000 fr.), 44 k. 1/2 (A. Watkins)............... 1.
Noble, 6 ans (2,000 fr.), 57 k. 1/2 (C Pratt).................................. 2.
Peau-Rouge. 3 ans (2,000 fr.), 46 k. (J. Forster).............................. 3.
Deviator, 6 ans (1,000 fr.), 55 k. (James). 0.
Pyrops, 5 ans (1,000 fr.), 55 k. (G. Abray).................................. 0.
Rigoletto, 4 ans (2,000 fr.), 54 k. 1/2 (Greenwood)............................. 0.

    Paris : 2/1 contre Passiflore, et 3/1 chaque contre Noble et Deviator. Gagné d'une encolure.

CAEN

Dimanche 28 juillet.

PRIX SPÉCIAL. 2,000 fr.; pour chevaux de 3 ans. 2,500 m.

Fabius, par Fitz-Gladiator, 54 k. (C. Pratt)............................ 1.

Angus, 54 k. (J. Watkins)............ 2.

Good-By, 54 k. (A. Pantal)............ 3.

Mlle-de-Boisgrimont, 52 k. 1/2 (François) 0.

Gagné d'une longueur.

PRIX PRINCIPAL. 3,000 fr.; pour chevaux de 3 ans et au-dessus. 2,000 m. en partie liée.

Capucine, par Gladiator, 4 ans, 61 k. 1/2, (Chifney)..................... 1. 1.

Palaiseau, 3 ans, 51 k. (C. Pratt).. 2. 2.

Première épreuve. Gagné d'une longueur.
Deuxième épreuve. Gagné facilement.

PRIX DE LA SOCIÉTÉ, 2,950 fr.; pour chevaux de 3 ans et au-dessus. 2,000 m.

Pilote, par Ion, 3 ans (1,000 fr.), 39 k. (E. Pantal)........................ 1.

Lilas, 3 ans (2,000 fr.), 40 k. 1/2 (Flatman fils)........................... 2.

Crésus, 3 ans (3,000 fr.), 45 k. (Kitchener)............................ 3.

Martha, 3 ans (2,000 fr.), 40 k. 1/2
(Bailey) .... 4.
M. de La Chapelle, 5 ans (1,000 fr.)
52 k. 1/2 (François)................. 0
Tam-Tam, 3 ans (3,000 fr.), 45 k. (J.
Forster)... ... . 0.
Tracktir, 4 ans (1,000 fr.), 48 k 1/2
(Greenwood)............. .... .0.

Paris : 3/1 contre Crésus, 4/1 contre Lilas,
5/1 contre Martha, 8/1 contre Tracktir. Le
gagnant a été réclamé par son propriétaire
pour 2,050 fr. 25 c.

PRIX DE LA VILLE (*handicap*). 9,900 fr.; au
2e 600 fr.; pour chevaux de 3 ans et au-dessus.
2,400 m.

Royal-Junior, par Assault ou Royal-
Quand-Même, 4 ans, 50 k. (G. Pratt).. 1.
La-Diva, 3 ans, 46 k. 1/2 (Kitchener)... 2.
Freyschutz, 3 ans, 45 k. (T. Williams).. 3.
Jonathas, 4 ans, 54 k. (J. Forster)...... 0.
Peu-de-Chance, 4 ans, 53 k. 1/2 (Karl).. 0.
Caoutchouc, 4 ans, 50 k. (C. Pratt)..... 0.
Perle Fine, 4 ans, 47 k. 1/2 (Bailey)..... 0.
Grabuge, 3 ans, 46 k. 1/2 (Skilly)... ... 0

Paris : 2/1 contre La Diva, 4/1 chaque contre
Perle-Fine et Royal-Junior, 5/1 contre Jonathas, 6/1 contre Peu-de-Chance. Gagné facilement.

PRIX DE LA SOCIÉTÉ D'ENCOURAGEMENT. 2,150 fr.

ı pour chevaux de 3 ans et au-dessus, 2,400 m.
ı Lilas, par Elthiron ou Festival, 3 ans,
    49 k. 1/2 (J. Watkins)............ ....   1.
ı Vingt-Mars, 3 ans, 51 k. (G. Pratt).....   2.
ı Clarinette, 4 ans, 58 k. 1/2 (Creenwood)..   0.
    Gagné facilement.

Lundi 29 juillet.

PRIX IMPÉRIAL. 4,000 fr.; pour chevaux de
ı 4 ans et au-dessus. 5,000 m.
ı Capucine, par Gladiator, 4 ans, 53 k. 1/2
    (Chifney)................... ... ..   1.
ı Nuncia, 5 ans, 57 k. (C. Pratt)... .. .   2.
    Paris: 3/1 pour Capucine. Gagné facilement.

PRIX DE L'EMPEREUR. 2,150 fr.; au 2ᵉ 150 fr.;
ı pour chevaux de 3 ans et au-dessus. 2,400 m.
ı Angus, par Castor, 3 ans, 55 k. (J. Wat-
    kins). ....   1.
ı Gisa, 4 ans, 62 k. (C. Pratt,. .. ..   2.
    Gagné d'une demi-tête.

PRIX DES HARAS. 2,566 fr. 66 c.; au 2ᵉ 333 fr.
ı 32 c.; pour chevaux de 3 ans et au-dessus.
ı 2,100 m.
ı Palaiseau, par Fantôme, 3 ans, 54 k. 1/2
    (C. Pratt).... ... .   1.
ı Good-By, 3 ans, 56 k. 1/2 (G. Mizen) ..   2.
ı Grabuge, 3 ans, 53 k. (J. Watkins)......   2.
    Gagné facilement

HANDICAP LIBRE. 1,650 fr.; destinés aux chevaux partis dans le prix de la Ville. 2,000 m.

La-Diva, par Cossack, 3 ans, 52 k. (Kitchener).............................. 1.
Peu-de-Chance, 4 ans, 56 k. (Karl)...... 2.
Freyschutz, 3 ans, 48 k. (T. Williams).. 3.
Caoutchouc, 4 ans, 51 k. (G. Pratt)..... 0.

Gagné d'une longueur.

PRIX DE CONSOLATION. 1,150 fr.; pour chevaux ayant couru à Caen en 1861 sans avoir gagné. 2,000 m.

Crésus, par Ion, 3 ans, 49 k. 1/2 (Kitchener) 1.
Tam-Tam, 3 ans, 49 k. 1/2 (J. Forster).. 2.
M.-de-La-Chapelle, 5 ans, 57 k. (G. Pratt)................................. 3.
Caoutchouc, 4 ans, 55 k. (Karl)........ 0.
Clarinette, 4 ans, 53 k. 1/2 (Greenwood). 0.

Gagné d'une demi-longueur. Le gagnant a été réclamé par son propriétaire pour 3,600 fr. 60 c.

RENNES

Dimanche 28 juillet.

PRIX DÉPARTEMENTAL.. 400 fr.; au 2e, 100 fr., pour tous chevaux du département. 2,000 m.
Sans-Gêne, âgée.............. a couru seule.

)ōolange, par Hernandez, 3 ans, 49 k. 1/2
   (A. Pantal) ....   1.
Ôurandale, 5 ans, 55 k. 1/2 (H. Jordan fils).   2.
|ᵒlume-Coq, 5 ans, 57 k. (R. Agates).....   3.
   Gagné de deux longueurs.

   PRIX DU MOULIN-NEUF. 1,160 fr.; au 2ᵉ, 160 fr.;
ɔ)our chevaux de 3 ans et au-dessus. 2,100 m.
Mousquetaire, par Minotaur, 3 ans, 51 k.
   (H. Jordan fils)........................   1.
:₴aron, 4 ans, 67 k. (D. Ellam)..........   2.
   Gagné très-facilement.

   PRIX DE LA VILLE. 980 fr.; au 2ᵉ, 100 fr.;
ɔour chevaux de 3 ans et au-dessus. 2,000 m.
Mousquetaire, par Minotaur, 3 ans, 51 k.
   (H. Jordan fils)........................   1.
llume-Coq, 5 ans, 62 k. 1/2 (R. Agates).   2.
ɒa-Chatte, 3 ans, 42 k. 1/2 (Edwards)...   3.
ɕaron, 4 ans, 60 k. (D. Ellam)..........   0.
ɷlange, 3 ans, 49 k. 1/2 (A. Pantal).....   0.
 Gagné d'une demi-tête.

: PRIX DES PAVILLONS. 350 fr., au 2ᵉ 150 fr.,
ɔour chevaux de 3 et 4 ans, de la Vendée.
ɾour sang exclu). 2,000 mètres.
ɷosciusko, 4 ans, 58 k. 1/2, à M. Re-
ɪ naud (Ourvoi-)... ....   1.
ɕagenta, 3 ans, 52 k., à M. Branthôme
) (Tournière)...... ....   2.
ɏrrhus, 4 ans, 58 k. 1/2, à M. Bran-
ɪ thôme (Désir).........................   3.
[Battant trois autres chevaux.

COURSE DE HAIES. 980 fr.; au 2ᵉ, 260 fr.; pour chevaux de 4 ans et au-dessus. 2,200 m.

Polygone, par Caravan, âgé, 68 k. 1/2 (R. Agates).................................... 1.

Janvier, 4 ans, 64 k. 1/2 (Hardy)...... 2.

Pyrrhus, 4 ans, 62 k. 1/2 (Désir)........ 0.

Gagné facilement.

VALENCIENNES

Dimanche 4 août.

PRIX DES HARAS. 4,700 fr.; au 2ᵉ, 550 fr.; pour chevaux de 4 et 5 ans. 6,000 m.

Nuncia, par Nuncio, 5 ans, 68 k. 1/2 (J. Watkins)........................... 1.

Dangu, 4 ans, 62 k. (A. Watkins)...... 2.

PRIX DE LA SOCIÉTÉ D'ENCOURAGEMENT. 2,150 fr. pour chevaux de 3 ans et au-dessus. 2,400 m.

Angelo, par Fitz-Gladiator, 4 ans, 60 k. (A. Watkins)........................... 1.

Le-Cèdre, 3 ans, 51 k. (Bundy)......... 2.

Gagné très-facilement.

PRIX DU NORD. 7,150 fr.; au 2ᵉ, 300 fr.; pour chevaux de 3 ans. 2,400 m.

Royal-Lieu, par Fitz-Gladiator, 53 k. (A. Watkins)........................... 1.

Agamemnon, 53 k. (Kitchener).......... 2.

ood-By, 58 k. 1/2 (Flatman)........... 0.
sabella, 57 k. (J. Watkins)............ 0
l·Paris : Egalité pour Royal-Lieu, 2/1 contre
gamemnon et 3/1 contre Good-By.
)Gagné de trois quarts de longueur.

Lundi 5 août.

ι PRIX DU FER. 1,150 fr.; au 2ᵉ, 600 fr.; pour
uus chevaux, pur sang exclu. 2,500 m.

eorgina, 3 ans (A. Steele).............. 1.
rûle-Tout, 3 ans (G. Abray)............ 2.
staban II, 4 ans (M. Stamford)......... 3.
romplainte, âgée, (le propriétaire)..... 0.
ιox, âgé (M. de Corbie)................ 0.
salma, 3 ans (J. Love)................ 0.
etite-Bière, 3 ans (J. Moss)........... 0.
rylord, âgé........... .. .. 0.
)Gagné d'une encolure.

ιPRIX D'ANZIN (*handicap*). 3,100 fr.; au 2ᵉ,
00 fr.; pour tous chevaux de 3 ans et au-
essus. 2,400 m.

)oeron II, par Iago, 3 ans, 48 k. (T. Williams)................................... 1.
samemnon, 3 ans, 52 k. 1/2 (Kitchener). 2.
esière, 4 ans, 54 k. (Jones).... .... 3.
salanche, 3 ans, 50 k. (A. Watkins).. 0.
ιmi-Castor, 3 ans, 49 k. (J. Watkins).. 0.
ι-Cèdre, 3 ans, 45 k. (Bundy)........ 0.
ιParis : 2/1 chaque contre Agamemnon et

Oberon II et 5/1 contre Demi - Casto

Gagné facilement.

PRIX DE L'EMPEREUR. 1,600 fr.; au 2ᵉ, 100 fr
pour chevaux de 3 ans et au-dessus. 2,400 m

Tolla, par Festival, 3 ans, 50 k. 1/2 (A.
Watkins) 1
Amiral, 3 ans, 56 k. (J. Forster).. .. . 2
Dangu, 4 ans, 62 k. 1/2 (J. Watkins)... 0
Gagné facilement.

PRIX DE LA VILLE (*handicap*). 8,100 fr.; a
2ᵉ, 700 fr.; pour tous chevaux de 3 ans
au-dessus. 4,000 m.

Pauvre-Hère, par Y.-Lanercost, 4 ans,
59 k. (Flatman)........................ 1
Panique, 3 ans, 54 k. (Kitchener)...... 2
Angus, 3 ans, 52 k. 1/2 J. Watkins).... 3
Rioter, 4 ans, 56 k. 1/2 (G. Abray).... 0
Lord-Spleen, 6 ans, 54 k. (Chifney)..... 0
Cavalcadour, 4 ans, 54 k. (Greenwood).. 0
Princesse-de-la-Paix. 5 ans, 53 k. (Ar-
nott)................................ 0
Horoscope, 4 ans, 48 k. (Bundy)........ 0

Paris : 2/1 contre Panique, 3/1 contre Pau
vre-Hère, 4/1 contre Rioter et 6/1 chaqu
contre Angus et Lord-Spleen.

Gagné de trois quarts de longueur.

NANTES

Dimanche 4 août.

ⁱPRIX DÉPARTEMENTAL. 2,200 fr. pour che-
:ux de 3 ans et au-dessus, de la circonscrip-
ɾn de Napoléon-Vendée. 3,000 m.

ɪnt-Aignan, par Iago, 3 ans, 50 k. (J.
Ⅰaxted).......................... 1.
ɪlle, 4 ans, 57 k. 1/2 (J. Love)......... 2.
ɛs-Alarm, 4 ans, 57 k. 1/2 (Mundy) .. 0.
dé, 4 ans, 57 k. 1/2 (Brasset)........ 0.
ɾéda, 4 ans, 59 k (François) .... 0.
ɪagné facilement.

PRIX DE CIRCONSCRIPTION. 780 fr. pour che-
ɾıx de 3 ans et au-dessus, de l'Ouest.
ɪ00 m.

ɪ-de-Chance, par Iago. 4 ans, 63 k.
ɪMundy)................ .... 1.
ɾnche-d'Or II, 4 ans, 61 k. 1/2 (J.
ɪaxted)........... .... 0.
ɪlle-Fine, 4 ans, 61 k. 1/2 (Joseph)....... 0.
ɾichinelle, 3 ans, 52 k. (François).... dist.
ɾolichinelle est arrivé facilement le premier,
ɛs n'ayant pas porté la surcharge voulue
ɪorès le règlement ministériel, il a été dé-
ɾé *distancé*, et le prix remis au proprié-
ɛe de Peu-de-Chance.

PRIX PRINCIPAL. 3,000 fr. pour chevaux dé
ɪns et au-dessus. 2,000 m., en partie liée.

Faustine, par Gladiator, 4 ans,
  58 k. 1/2 (Mizen) .... ✕. 1. 1
Forestier, 6 ans, 65 k. 1/2 (Mundy). ✕. » .»
  Forestier s'est déferré apiès le *deat-heat*.

COURSE DE GENTLEMEN. 1,050 fr.; au 2ᵉ
50 fr.; pour chevaux de 3 ans et au-dessus
de l'Ouest et du Midi. 2,000 m.
Pharaon, par Nautilus ou Gladiator, âgé,
  75 k. (le propriétaire)................... 1
Chalusset, 5 ans, 75 k. (M. le baron Finot).
  Paris : 3/1 pour Pharaon. Gagné très-faci
lement.

Mardi 6 août.

PRIX DÉPARTEMENTAL. 1,450 fr.; au 2ᵉ 50 fr.
pour chevaux de 3 ans, des circonscription
de Napoléon-Vendée, de Saintes et de Saint
Maixent. 2,000 m.
Dwina, par Florist, 47 k. 1/2 (Brassey).. 1
Tristan, 50 k. (Love)... .... 2!
  Gagné d'une longueur.

PRIX IMPÉRIAL. 4,000 fr.; pour chevaux d!
4 ans. 4,000 m. en partie liée.
Gouvieux, par Lanercost ou The-
  Baron, 6 ans, 64 k. (Mizen)... 2. 1. 1!
Forestier, 6 ans, 60 k. (Mundy). 1. » »(
  Première épreuve. Gagné d'une tête. Fore:
tier étant tombé boiteux après avoir dépass:
le but, Gouvieux a fourni seul les deux autre
épreuves.

OMNIUM. 6,400 fr.; au 2ᵉ 200 fr.; pour chi

vaux de 3 ans et au-dessus, de l'Ouest et du
Midi. 3,200 m.
Saint-Aignan, par Iago, **3** ans, 56 k.
    (J. Maxted)............................ 1.
Polichinelle, 3 ans, 52 k. (François)..... 2.
Bissextil, 5 ans, 66 k. (C. Brown)....... 0.
Réséda, 4 ans, 63 k. (L. Lefur)........... 0.
Périlleux, 3 ans, 52 k. (Hearnden)....... 0.
Idole, 4 ans, 62 k. 1/2 (Mundy)......... 0.
Peu-de-Chance, 4 ans, 64 k. (Ludlam)... 0.
    Gagné facilement.

ABBEVILLE

Dimanche 11 *août.*

PRIX DES HARAS. 2 875 fr. pour chevaux de
3 ans et au-dessus. 3,000 m.
Folla, par Festival, 3 ans, 57 k. 1/2 (A.
    Pantal)................................ 1.
Oberon, 3 ans, 56 k. (J. Bartholomew).. 2.
    Gagné très-facilement.
PRIX DU CONSEIL GÉNÉRAL. 1,850 fr. pour
chevaux de 3 ans et au-dessus. 3,000 m.
Beauvais, par Elthirou, 4 ans, 60 k. (G.
    Pratt)................................. 1.
Folla, 3 ans, 48 k. 1/2 (a porté 50 k.) (A.
    Pantal)................................ 2.
    Gagné très-facilement.

SAUMUR

Dimanche 11 août.

PRIX DE CIRCONSCRIPTION. 780 fr.; pour che-vaux de 3 ans et au-dessus, de l'Ouest. 2,000 m.
Polichinelle, par The-Prime-Warden,
   3 ans, 51 k. (François)................... 1.
Biribi, 6 ans, 67 k. (C. Moss)............. 2.
  Gagné très-facilement

PRIX DU CONSEIL GÉNÉRAL. 1,180 fr.; au 2ᵉ
40 fr.; pour chevaux de 3 ans et au-dessus,
du département de Maine-et-Loire. 4,000 m.
Pharaon, par Nautilus ou Gladiator, âgé.
   64 k. (Joseph)...................... 1.
Périlleux, 3 ans, 51 k. (H. Jordan fils).. 2.
  Gagné facilement. Périlleux est tombé boiteux.

Mardi 13 août.

PRIX D'ARRONDISSEMENT. 1,980 fr., pour che-vaux de 3 ans et au-dessus, de l'Ouest.
2,500 m.
Polichinelle, par The Prime-Warden,
   3 ans, 51 k., (François)............ 1.
Biribi, 6 ans, 67 (J. Cassidy)........... 2.
  Gagné très-facilement.

COURSE DE HAIES (*Gentlemen-riders*). 960 fr.;

au 2ᵉ 200 fr.; pour tous chevaux de 4 ans et
au-dessus. 4,000 m.

Surprise, par The-Prime-Warden, âgée,
   68 k. 1/2 (M. de Lignières)............ 1.
Y.-Ionian, 4 ans, 67 k. 1/2 (M. L. de
   Saint-Germain)................ 2.
Gagné facilement.

FALAISE

Dimanche 11 août.

COURSE DE HAIES. 1,100 fr.; pour chevaux
hongres et juments de 4 ans. 2,100 m.

Witch (P. Birée)............... 1.
Prince-Noir.................. 2.
Recaster................... 3.
Fiammina................... 4.
Débardeur.................. 5.
Admirable.................. 6.

LES SABLES D'OLONNE

Lundi 12 août.

PRIX DES SABLES D'OLONNE. 200 fr.; au 2ᵉ
45 fr.; pour chevaux de 3 ans et au-dessus,

du département de la Vendée (pur sang exclu). 2,000 m. en partie liée.

Bagatelle, par Gambetti, 6 ans, 62 k.
  (M. Lafargue)...................... 1. 1.
Oscar, 3 ans, 52 k.............., 2. 2.
  Deux autres concurrents distancés.

PRIX DE LA PLAGE. 1,140 fr ; pour tous che-vaux de 3 ans et au-dessus. 2,000 m.

Faustine, 4 ans, par Gladiator, 60 k. 1/2, à
  M. le baron Nivière (Mizen) a couru seule.

PRIX DE L'EMPEREUR, COURSE DE HAIES. 450 fr. et une médaille d'or pour tous che-vaux. 2,500 m.

Janvier, par Iago, 4 ans, 61 k. 1/2 (E.
  Hardy).............. 1
Plume-Coq, 5 ans, 66 k. 1/2 (W. Boldrick) 0.

—

MOULINS

Lundi 12 août.

PRIX PRINCIPAL. 3,000 fr.; pour chevaux de 3 ans et au-dessus. 2,000 m., en partie liée.

Pauvre-Hère, par Y.-Lanercost, 4 ans,
  60 k., (Flatman).................. 1. 1.
Jonathas, 4 ans, 60 k. (J. Forster).... 2. 2.
Durandale, 5 ans, 60 k. 1/2 (Hearnden)............ .... 3. 3.

Première épreuve. Paris : 6/4 pour Pauvre-Hère, 2/1 contre Jonathas. Gagné d'une longueur. *Deuxième épreuve*. Paris : 2/1 pour Pauvre-Hère. Gagné d'une encolure

CRITERIUM. 3,000 fr.; au 2e 900 fr.; au 3e 400 fr., pour chevaux de 2 ans. 1,200 m.

Partisan, par Launcelot, 54 k. (T. Osborne)   1
Amasie, 52 k. 1/2 (Kitchener)..   2
Grande Puissance, 52 k. 1/2 (J. Forster).   3 .
Pigeon-Vole, 54 k. (Flatman)...........   0.
Hirma, 52 k. 1/2 (C. Pratt).. ....   0.
Exactitude, 52 k. 1/2 (A. Watkins).....   0.
Quérido, 54 k. (Chifney)........ ......   0.
Zig-Zag, 54 k. (Jackson)........   0
Nénuphar, 54 k. (J. Watkins).   0
Etoile du Forez, 50 k. (Kent)..,........   0.

Paris : 4/1 contre Partisan, 5/1 contre Amasie, 6/1 contre Pigeon-Vole.

GRAND SAINT-LÉGER, 11,850 fr.; au 2e 600 fr.; pour chevaux de 3 ans. 2,500 m.

Compiègne, par Fitz-Gladiator, 55 k.
   (C. Pratt)........... ....   1.
Bochet, 53 k. (Chifney)...... ......   2.
Agamemnon, 53 k. (Kitchener)... .....   3.
Royal-Lieu, 55 k. (A. Watkins)........   0
Hisber, 53 k. (Spreoty)..........   0
Barbe-d'Or, 50 k. (W. Hardy).. .. ....   0.
Beau-Sire, 51 k. 1/2 (Hearnden)........   0.

Paris : 2/1 contre Royal-Lieu, 3/1 contre

Compiègne, 3/1 contre Hisber, 10/1 contre Agamemnon. Gagné facilement.

PRIX DES HARAS. 1,475 fr.; au 2ᵉ 75 fr.; pour chevaux de 3 ans et au-dessus. 2,000 m.

Angelo, par Fitz Gladiator, 56 k. (C. Pratt)...................... 1.
Rosière, 54 k. 1/2 (Kitchener). ...... 2.
Violette, 58 k. 1/2 (T. Osborne)............ 3.
   Paris: 2/1 pour Angelo. Gagné facilement.

PRIX DES CHEMINS DE FER. 980 fr.; au 2ᶜ 60 fr.; pour chevaux de 3 ans et au-dessus (pur sang exclu), ayant deux ans de résidence dans la circonscription. 2,000 m.

Rachel, 4 ans (M. Trépied fils). .... 1.
Bijou, 5 ans (le propriétaire)........... 2.
Mlle-de-Liernolle, (M. Iconnet). .... 0.
Marocain (M. Henry)............ 0
   Gagné très-facilement.

Mercredi 14 août.

PRIX DE L'EMPEREUR (*handicap libre*). 1,600 fr.; au 2ᵉ 50 fr.; pour tous chevaux. 2,000 m.

Angelo, 4 ans, par Fitz Gladiator, 63 k. (C. Pratt).................... 1
Durandale, 5 ans, 53 k. (Hearnden).... 2.
Zig-zag, 2 ans, 48 k. (Heffer)......... 0.
Vert-Galant, âgé, 61 k. (Kent) .... 0.
Rigoletto, 4 ans, 56 k. (Greenwood)..... 0
   Gagné très-facilement.

PRIX DE LA SOCIÉTÉ D'ENCOURAGEMENT. 2,000 fr.

pour chevaux de 3 ans et au-dessus. 2,400 m.
Royal-Lieu, par Fitz-Gladiator, 3 ans,
    52 k. (C. Pratt)............. a couru seul.
PRIX DES ÉLEVEURS. 1,600 fr.; pour chevaux
de 3 ans et au-dessus. 2,200 m.
Pilote, par Ion, 3 ans, 49 k. (C. Pratt).. 1.
Violette, 4 ans, 55 k. 1/2 (T. Osborne)... 2.
Passiflore, 3 ans, 47 k. 1/2 (A. Watkins). 0.
Germanicus, 3 ans, 45 k. (Kitchener)... 0.
Rigoletto, 4 ans, 55 k. (Greenwood).... 0
    Paris : 2/1 contre Pilote, 3/1 contre Passi-
flore, 5/1 contre Violette, 5/1 contre Germa-
nicus. Gagné d'une demi-longueur. Pilote a
été réclamé par M. Wilson.

PRIX IMPÉRIAL. 4,000 fr.; pour chevaux de
4 ans et au-dessus. 5,000 m.
Capucine, par Gladiator, 4 ans, 55 k. 1/2
    (Spreoty)............ .. .. 1.
Nuncia, 5 ans, 57 k. (C. Pratt)........ .. 2.
PRIX DU CONSEIL GÉNÉRAL (*handicap*).
4,600 fr.; au 2ᵉ 200 fr.; pour chevaux de 3 ans
et au-dessus. 3,000 m.
Bochet, par Elthiron, 3 ans, 50 k. 1/2
    (T. Osborne)..... .... 1.
Cavalcadour, 4 ans, 51 k. (Greenwood).. 2.
Agamemnon, 3 ans, 50 k. (Kitchener)... 3.
Rosière, 4 ans, 51 k. 1/2 (Wicks)....... 0.
Freyschutz, 3 ans, 42 k. (Bundy)...... 0.
Barbe-d'Or, 3 ans, 42 k. 1/2 (J. Forster). 0.
    Paris : 2/1 contre Bochet, 3/1 contre Aga-
memnon, 4/1 contre Rosière. Gagné facilement.

TARBES

Mercredi 14 août.

PRIX PRINCIPAL. 3,000 fr. pour chevaux de
3 ans et au-dessus. 2,000 m. en partie liée.

Jonienne, par Mokanna ou Ionian, 5 ans,
    64 k. 1/2 (W. Ludlam)........ . 1. 1.
Ferraris, 5 ans, 60 k. 1/2 (Burns).. 2. 2.
Carline, 5 ans, 64 k. 1/2 (D. Ellam). 3. 3
Chalusset, 5 ans, 62 k. (C. Brown). 4. 4.
Labatuski, 3 ans, 52 k. (R. Simpson). dist.
    Gagné facilement.

PRIX DÉPARTEMENTAL. 1,470 fr.; au 2ᵉ, 60 fr.:
pour chevaux de 4 ans, du département.
3,000 m.

Merlin, par Sting, 4 ans, 59 k. (Burns). 1.
Sylvio, 4 ans, 59 k. (R. Simpson)...... 2.
Pyroska, 4 ans, 52 k. 1/2 (Prunet)...... 0.
    Gagné facilement.

PRIX DE L'EMPEREUR. 1,570 fr.; au 2ᵉ, 170 fr.;
pour chevaux de 3 ans et au-dessus. 2,400 m.

Bissextil, par Malton, 5 ans, 68 k. 1/2
    (C. Brown) .... 1.
Pilgrim, 5 ans, 68 k. 1/2....... . .... 2.
Poésie, 3 ans, 48 k. 1/2 (Burns) ...... 3.
Solange, 3 ans, 53 k. 1/2 (......)...... 4.
Fanie, 3 ans, 48 k. 1/2 (Prunet)........ 0.
Maria, 3 ans, 48 k. 1/2 (Simpson) ...... 0.
    Gagné facilement.

PRIX SPÉCIAL. 2,000 fr. pour chevaux de 3 ans. 2,500 m.

Sans-Vanité, par Sting, 54 k. (Charrett). 1.
Minos, 54 k. (W. Ludlam)............ 2.
Récompense, 52 k. 1/2 (G. Elsdon).. .. 3.
Tamara, 52 k. 1/2 (R. Simpson)....... 4.
Saïb, 54 k. (Burns)................ 0.
Refus, 54 k. (Prunet).. .... 5.
Gagné très-facilement.

Dimanche 18 *août.*

PRIX DÉPARTEMENTAL. 980 fr.; au 2ᵉ, 80 fr.; pour chevaux de 3 ans, du département.

Fanie, par Grey-Tommy, 52 k. 1/2 (Prunet)........................ 1.
Morton, 54 k....................., 0.
Thermuty, 54 k..... .... 0.
Minos, 58 k. (Burns).................dist.

Minos est arrivé le premier, mais ayant 4 k. de moins que le poids voulu, il a été déclaré *distancé*, et le prix a été remis au propriétaire de Fanny, arrivée 2ᵉ.

PRIX DES HARAS. 4,750 fr. pour chevaux de 4 ans et au-dessus. 6,000 m.

Bissextil, par Malton, 5 ans, 60 k. 1/2 (C. Brown)................ a couru seul.

PRIX IMPÉRIAL. 4,000 fr. pour chevaux de 4 ans et au-dessus. 4,000 mètres, en partie liée.

Gouvieux, par The-Baron ou Lanercost, 6 ans, 64 k. (D. Ellam).... 1. 1.
Bissextil, 5 ans, 60 k. 1/2 (C. Brown). 2. »

Première épreuve : Gagné très-facilement.
Gouvieux a couru seul la seconde épreuve.

—

QUIMPER

Vendredi 16 août.

PRIX DES HARAS. 980 fr.; au 2ᵉ 40 fr.; pour
chevaux de 3 ans, de l'Ouest. 2,000 m. en
partie liée.

Dwina, par Castor, 52 k. 1/2, à
M. Loiseau (Love)........ .... 1. 1.
Ambulante, 52 k. 1/2, à M. Ch. de
Margeot (Trevidy).. .... 2 2.
Agitation, 52 k. 1/2 , à M. Canon
(Boloré)......................... 3. »

PRIX DU CONSEIL GÉNÉRAL. 390 fr., au 2ᵉ
190 fr., pour chevaux de 3 ans, du Finistère.
65 kil. 2,000 mètres.

Marinette, par Croque-en-Bouche (Boloré) 1.
Casse-Cou (P. Flamand)............... 2.
Lisette (Trévidy)..................... 3.

PRIX DE LA VILLE. 190 fr.; au 2ᵉ, 140 fr.;
au 3ᵉ, 90 fr.; au 4ᵉ, 65 fr.; au 5ᵉ, 50 fr.; pour
chevaux du département. 4,000 mètres.

Casse-Cou, par Casse-Cou, 5 ans, 58 k.
  1/2 (Carré)........................... 1.
Saint-Crépin, 5 ans, 58 k. 1/2 (Gallou). 2.
  Battant Marinette 3e; Casse-Cou, 3 ans, 4e,
et Lisette 5e.

COURSE DE HAIES. 190 fr., au 2e 90 fr., pour
tous chevaux des circonscriptions de Lamballe et d'Hennebont. 4,000 mètres.

Talma, par Horace, âgé (Trévidy)....... 1.
Mongpré, 5 ans (Boloré)............... 2.

Samedi 17 Août.

PRIX DES HARAS ET DE LA SOCIÉTÉ. 680 fr.;
au 2e 280 fr. pour chevaux de 3 ans et au-dessus, de l'Ouest. 3,000 m. en partie liée.

Lut, par Ion, 6 ans, 63 k. (Collins)..... 1.
Ebène, 4 ans, 59 k. (J. Love).......... 2.
Ulysse, 5 ans, 63 k. (Trevidy).......... 3.

PRIX DU CONSEIL GÉNÉRAL. 190 francs; au 2^e
140 fr.; au 3e 90 fr.; au 4e 65 fr.; au 5e 40 fr.
pour chevaux du Finistère. 4,000 mètres.

Casse-Cou, par Casse-Cou, 5 ans, 58 k.
  1/2 (Carré)........................... 1.
Saint-Crépin, 5 ans (Gallou)........... 2.
  Battant Marinette 3e; Casse-Cou, 3 ans, 4e,
et Lisette 5e.

 COURSE DE HAIES. Une coupe d'argent et
90 fr.; au 2e, une cravache et 40 fr., pour

tous chevaux des circonscriptions de Lamballe et d'Hennebont. 4,000 mètres.

Talma, par Horace, âgé (Trévidy)....... 1.
Longpré, 5 ans (Boloré)............... 2.

—

LE MANS

Dimanche 18 Août.

PRIX DE CIRCONSCRIPTION. 780 fr. pour chevaux de 3 ans et au-dessus, de l'Ouest. 2,200 m.

Polichinelle, par The-Prime-Warden, 3 ans, 54 k. (François)...................... 1
Ido'e, 4 ans, 58 k. 1/2 (J. Maxted)...... 2
Perle-Fine, 4 ans, 58 k. 1/2 (Joseph).... 0
Bra..che-d'Or, 3 ans, 51 k. (Hearnden). 0

CRITÉRIUM DE L'OUEST. 1,200 fr. pour chevaux de 2 ans, de l'Ouest. 1,000 m.

Souvenir, par Caravan, 51 k. (Karl).... 1
Saint Paixent, 51 k (François).......... 2
Faustin, 51 k (C. Pratt) ...·... 0
Dou-Juan, 54 k. (J Bartholomew)..... 0

PRIX SPÉCIAL. 1,500 fr. pour chevaux de 3 ans. 2,500 m.

Good-By, par St-Germain, 54 k. (C. Pratt). 1
Bochet, 54 k. (Chifney)...............
Gagné très-facilement.

PRIX DU CONSEIL GÉNÉRAL (*handicap*). 2,900 fr.;
au 2ᵉ, 150 fr.; pour tous chevaux. 2,400 m.

La-Diva, par Cossack, 3 ans, 53 k.
  (Wicks)... 1.
Vingt-Mars, 3 ans, 46 k. 1/2 (G. Pratt)... 2.
Merlette, 3 ans, 48 k. (Kitchener)....... 3.
Demi-Castor, 3 ans, 54 k. (Flatman).... 0.
Pamplemousse, 3 ans, 51 k. 1/2 (G. Pratt). 0.
Manola, 5 ans, 50 k. (J. Bartholomew)... 0.
Audacieuse, 3 ans, 46 k. 1/2 (Bundy)... 0.
  Gagné d'une encolure.

DERBY DE L'OUEST. 9 200 fr. pour chevaux de
  ans, de l Ouest. 2,500 m.

Saint-Aignan, par Iago, 52 k. 1/2 (J. Max-
  ted)... 1.
Beau-Soleil, 52 k. 1/2 (Hearnden)....... 2.
Polichinelle, 52 k. 1/2 (François)....... 0.
  Gagné très-facilement.

PRIX PRINCIPAL. 2,500 fr. pour chevaux de
  ans et au-dessus. 3,000 m.

Beauvais, par Elthiron, 4 ans, 63 k. 1/2
  (Chifney) .... (a couru seul.)

AVRANCHES

Dimanche 18 Août.

PRIX DE LA VILLE. 250 fr.; au 2ᵉ 150 fr.; au
3ᵉ 100 fr.; pour tous chevaux de l'Ouest et de

la Circonscription normande. 2,000 m. e
partie liée.

Gentille-Annette, par Castor, 53 k. 1/2
   (P. Birée) 1. 1

Kalafat, âgé, 63 k. 1/2 (M. le capitaine Hunt)........................ 2. 2

Brusher, 5 ans, 58 k. (Makepeace). 3. 3

Pomponne.... .... 0. 4

COURSE DE HAIES. 300 fr.; au 2ᵉ 100 fr.
pour tous chevaux de l'Ouest et de la Cir
conscription normande. 2,000 m. en parti
lice.

Kalafat, par Gladiator, âgé, 68 k.
   (M. le capitaine Hunt)...... 2. 1. 1

Witch, 4 ans, 64 k. (P. Birée). 1. 2. 2

Brusher, 4 ans, 60 k. (Makepeace). .... 3. » :

DERBY NORMAND 4,000 fr.; pour chevaux d
3 ans, 54 k. 2,000 m.

Gentille-Annette, par Castor (P. Birée). 1

Mlle-de-Boisgrimont (François)......... 2

   Gagné d'une tête.

—

FEURS

Lundi 19 *Août.*

PRIX DU FOREZ. 1,180 fr.; au 2ᵉ 40 fr.; pour
chevaux de 4 ans et au-dessus. 6,000 m.

ngelo, par Fitz-Gladiator, 4 ans, 65 k.. 1.
rincesse-de-la-Paix, 5 ans, 68 k....... 2.
ert-Galant, âgé, 70 k................ 3.

COURSE DE HAIES (*Gentlemen-riders*). 860 fr.;
ur chevaux de 4 ans et au-dessus, non en-
aînés. 4,000 m.

cioria, âgée (le propriétaire)........ 1.
irabelle, âgée (le propriétaire)........ 2.

COURSE DE HAIES. 1,050 fr.; pour chevaux
4 ans et au-dessus. 4,000 m.

olygone, par Caravan, âgé (R. Agates)
.... a couru seul.

NANTES

Courses Municipales

Dimanche 25 Août.

COURSE DE GENTLEMEN. 1,700 fr.; au 2e,
0 fr.; pour chevaux de 3 ans et au-dessus.
0000 m.

wina, par Florist, 3 ans, 60 k. 1/2
(M. Jaunet).................. 1.
olichinelle, 3 ans, 62 k. (M. le capitaine
Hunt) .... 2.
araon, âgé, 78 k. (le propriétaire).... 3.
bé, 4 ans, 70 k. 1/2 (le propriétaire).. 0.
Gagné facilement.

COURSE DE HAIES (*gentlemen-riders*). 1,000 fr. pour tous chevaux de 4 ans et au-dessus. 2,000 m.

Young-Ionian, par The-Baron, 4 ans,
   65 k. (M L. de Saint-Germain). a couru seul

PRIX DE CONSOLATION. 400 fr.; au 2ᵉ, 100 fr.; pour chevaux ayant disputé la course de gentlemen sans gagner. 2,000 m.

La-Chatte, par Iago, 3 ans, 60 k. 1/2
   (M G. Métois) .... 1.
Hébé, 4 ans, 70 k. 1/2 (le propriétaire).   2.
   Gagné facilement

—

BLOIS

Dimanche 25 Août.

PRIX IMPÉRIAL. 4,000 fr. pour chevaux de 4 ans et au-dessus. 4,000 m., en partie liée.

Carline, par Hernandez, 4 ans, 57 k. (C.
   Pratt)......................... 1. 1
Capucine, 4 ans, 61 k. (Spreoty) .. 1. »
   Première épreuve. Paris : 10/1 pour Capucine. Gagné facilement d'une longueur. Capucine est arrivée boiteuse.—*Deuxième épreuve.* Carline a couru seule.

PRIX SPÉCIAL. 2,000 fr. pour chevaux de 3 ans et au-dessus. 2,500 m.

Molendon, par Hernandez, 3 ans, 52 k.
(C. Pratt)................................. 1.
Mousquetaire, 3 ans, 52 k. (H. Jordan fils). 2.
Solange, 3 ans 50 k. 1/2 (D. Ellam)..... 0.
Gagné très-facilement.

PRIX DE L'EMPEREUR. 1,450 fr.; au 2e, 350 fr.; pour chevaux de 3 ans et au dessus. 2,000 m.

Pilote, par Ion, 3 ans (2,000 fr.), 46 k.
(New) .... 1.
Passiflore, 3 ans (2,000 fr.), 44 k. 1/2 (G.
Pratt) .... 2.
Horoscope, 4 ans (1,000 fr.), 53 k. (Chif-
ney)..................................... 0.
Euryanthe, 3 ans (4,000 fr.), 47 k. 1/2
(Kitchener).............................. 0.
Lilas, 3 ans (2,000 fr.), 44 k. 1/2 (Flatman
fils) .... 0.
Princesse-Royale, 3 ans (2,000 fr.), 44 k.
1/2 (J. Forster)......................... 0.
Paris : 2/1 contre Euryanthe, 3/1 contre Pi-
lote, 4/1 contre Passiflore et 5/1 contre Ho-
roscope. Gagné d'une longueur. Le vainqueur
a été réclamé pour 3,155 fr., par M. le baron
Nivière.

PRIX DU CONSEIL GÉNÉRAL (*gentlemen-riders*).
950 fr.; au 2e, 200 fr.; pour chevaux de 3 ans
et au-dessus. 2,000 m.

Demi-Castor, par Castor, 3 ans, 67 k. (M.
H. A. Blount)........................... 1.

Naughty-Boy, âgé, 79 k. (le propriétaire). 2.
Braconnier, âgé, 79 k, (M. le baron de Lutt-
 witz)................................ 3.
Gagné facilement.

COURSE DE HAIES (*handicap*). 1,850 fr. pour
tous chevaux. 2,500 m.

Naughty-Boy, par Womersley, âgé, 68 k.
 (W. Boldrick)........................ 1.
Braconnier, âgé, 72 k. (M. le baron de
 Luttwitz)........................... 2.
Princesse-de-la-Paix, 5 ans, 66 k. (P.
 Birée).............................. 3.
Bas-Bleu, 6 ans, 65 k. (C. Moss)........ 0.
Plume-Coq, 5 ans, 65 k. (R. Agates).... 0.
 Gagné facilement.

Jeudi 27 Août.

PRIX DE LA VILLE. 2,075 fr.; au 2e 75 fr.;
pour chevaux de 3 ans et au-dessus. 2,400 m.

Good-By, par Saint-Germain, 3 ans, 57 k.
 (C. Pratt).......................... 1.
Agamemnon, 3 ans, 50 k. (Kitchener).. 2.
 Gagné facilement.

PRIX DE CHAMBORD (*Gentlemen-riders*).
1,600 fr.: pour tous chevaux de 3 ans et au-
dessus. 2,000 m.

Lord-Spleen, par Ionian, 6 ans
 (3,000 fr.), 70 k. (M. le capitaine Hunt)................ 2. 1. 1.
Lilas, 3 ans (2,000 fr.), 57 k. 1/2
 (M. H. A. Blount).......... 1. 2. 2.

Princesse-de-la-Paix, 5 ans
   (4,000 fr.). 71 k. (M. L. de St-
   Germain)........................ 3.   3.   3.

   Première épreuve. Gagné d'une demi-longueur.— *Deuxième épreuve.* Gagné d'une longueur. — *Troisième épreuve.* Gagné d'une longueur.

PRIX DE LA SOCIÉTÉ D'ENCOURAGEMENT.
2,300 fr.; pour chevaux de 3 ans et au-des-
sus. 2,400 m.
Avalanche, par Fitz-Gladiator, 3 ans (D.
   Ellam).............................. 1.
Beau-Soleil, 3 ans (H. Jordan fils)........ 2.
Freyschutz, 3 ans (J. Bartholomew)..... 3.
Molendon, 3 ans (C. Pratt)............ 0.
Platane, 3 ans (G. Pratt)............... 0.
Quêteuse, 3 ans (J. Forster)............ 0.
   Gagné d'une encolure.

   PRIX DENIS-PAPIN (*handicap*). 3,950 fr.; au
2ᵉ 150 fr.; pour chevaux de 3 ans et au-des-
sus. 2,100 m.
Jonathas, par Sting, 4 ans, 57 k. 1/2 (J.
   Forster).............................. 1.
Ionienne, 5 ans, 54 k. (W. Ludlam).... 2.
La-Diva, 3 ans, 52 k. 1/2 (Kitchener)... 3.
Demi-Castor, 3 ans, 51 k. 1/2 (Flatman) 0.
Peu-de-Chance, 4 ans, 51 k. (J. Love). 0.
Beau-Séjour, 3 ans, 46 k. (Greenwood).. 0.
Merlette, 3 ans, 41 k. (Wicks)......... 0.
   Gagné facilement.

STRASBOURG

Samedi 31 Août.

PRIX DU GOUVERNEMENT. 2,150 fr.; au 2e 150 fr.; pour chevaux de 4 ans et au-dessus. 4.000 m.

Goëlette, par Ion, 6 ans, 67 k. 1/2 (C. Pratt).. 1.
Rioler, 4 ans, 64 k. (Spreoty) .... 2.
Feruck-Khan, 4 ans, 64 k. (W. Carter).. 3.
Gagné facilement.

PRIX DE L'ARRONDISSEMENT DE SAVERNE.
Fuchs, 4 ans, par Quadrilatère.......... 1.

PRIX DE L'ARRONDISSEMENT DE SCHLESTADT.
N..., pche, 3 ans (M. de Badereau de Saint-Martin) ... . 1.

PRIX DE L'ARRONDISSEMENT DE STRASBOURG.
Lucie, 3 ans, par Coustranville (le propriétaire)........................... 1.
PRIX DE L'ARRONDISSEMENT DE WISSEMBOURG.
Frichs, h. al., 4 ans, par Coustranville.. 1.

Dimanche 1er septembre

PRIX DE L'EMPEREUR. 1.400 fr.; au 2e 200 fr. pour chevaux de 3 ans et au-dessus. 2.000 m.
Goëlette, par Ion, 6 ans, 63 k. 1/2 (C. Pratt)....................................... 1.

I Dangu, 4 ans, 60 k.......................... 2.

PRIX DE LA VILLE (*handicap*). 3,900 fr.; au
2ᵉ 100 fr.; pour tous chevaux de 3 ans et au-
dessus. 3,000 m.

La Diva, par Cossack, 3 ans, 52 k. (Kit-
   chener)................................. 1.
Feruck-Khan, 4 ans, 55 k. (W. Carter). 2.
Pamplemousse, 3 ans, 51 k. 1/2 (Spreoty) 3.
Dame-de-Compagnie, 4 ans, 54 k. (C.
   Pratt).. .... 4.
Gagné facilement.

COURSE DE HAIES (*handicap*). 950 fr.; au 2ᵉ
250 fr.; pour tous chevaux. 2,000 m.

Young-Iouian, par The Baron, 4 ans, 57 k.
   1/2 (B. Short)........................ 1.
Revoke, 5 ans, 63 k. (T. Clay)......... ·2.
Braconnier, âgé, 69 k. (M. le baron de
   Luttwitz). . ... 3.
Gagné facilement.

PRIX DÉPARTEMENTAL. Pour chevaux de 4 ans
et au-dessus.
Braun, 4 ans, par Coustranville .... 1.

PRIX DÉPARTEMENTAL. Pour chevaux de 3 ans.
Lezard (Alfred Heimburger) .... 1.

PRIX DE LA SOCIÉTÉ. Pour tous chevaux
ayant 6 mois de résidence dans les départements du Rhin.
Schimmel, jt gr., âgée .... 1.

LAON

Samedi 31 Août.

PRIX DE LA SOCIÉTÉ (*Gentlemen-riders*). Un objet d'art et 125 fr.; pour chevaux non entraînés. Poids libre. 1,500 m.

Ballon, par The Flying-Dutchman, 4 ans, (M. H. A. Blount)	1.
Lady-of-the-Lodge, âgée (le propriétaire).	2.
Marmiton, âgé	0.
Trustworthy, 5 ans.	0.
Ratapoil, âgé	0.

Gagné facilement.

Dimanche 1er Septembre.

PRIX DU GOUVERNEMENT. 2,650 fr.; pour chevaux de 3 ans et au-dessus. 4,000 m.

Baron, par Lanercost, 4 ans, 60 k.
.... a couru seul.

PRIX DE LA VILLE. 2,600 fr. pour chevaux de 3 ans et au-dessus. 2,000 m.

Martha, par Father-Thames, 3 ans (2,000 fr.), 40 k. 1/2	1.
Crésus, 3 ans (3.000 fr.), 45 k.	2.
Passiflore, 3 ans (2,000 fr.), 40 k. 1/2	3.
Page, 6 ans (1,000 fr.), 47 k.	0.
Propre-à-Rien, 4 ans (2.000 fr.), 50 k.	0.

Rigoletto, 4 ans (1,000 fr.), 47 k........   0.
Vexin, 4 ans (2,000 fr.), 47 k ....   0.
Manola, 5 ans (1,000 fr.), 47 k. 1/2....   0.
   Gagné facilement.

—

SAINT-LO

Dimanche 1ᵉʳ Septembre.

PRIX DE CIRCONSCRIPTION. 1,000 fr.; pour chevaux de 3 ans de la circonscription normande. 3,000 m.
Mlle-de-Boisgrimont, par Royal-Quand-
   Même, 56 k. (G. Pratt).... a couru seule.

PRIX DE LA SOCIÉTÉ. 1,000 fr.; pour chevaux de 4 ans de la circonscription. 4,000 m.
Royale-Topaze, par Royal-Quand-Même,
   64 k. (G. Pratt)........... a couru seule.

PRIX DES HARAS. 2,550 fr.; au 2ᵉ 50 fr.; pour chevaux de 4 ans et au-dessus. 4,200 m.
Faustine, par Gladiator, 4 ans, 67 k.
   (Mizen).................................   1.
Royal-Junior, 4 ans, 64 k. (G. Pratt)...   2.
Royale-Topaze, 4 ans, 64 k. (F. L'Huil-
   lier).................................   3.
   Gagné facilement.

—

PÉRIGUEUX

Dimanche 1ᵉʳ Septembre.

PRIX A RÉCLAMER (*Gentlemen - Riders*).
1,650 fr.; au 2ᵉ 100 fr.; pour tous chevaux.
2,000 m. à la première épreuve; 1,000 m. pour
les autres.

Reindeer, par Buckthorn, 4 ans
    (5,000 fr.), 59 k. (le proprié-
    taire)...................... 2. 1. 1.
Tamara, 3 ans (1,000 fr.), 53 k.
    1/2 (M. A. Bes-ey).......... 1. 0. "
Gent lle-Annette, 3 ans (3,000 fr.).
    56 k. 1/2 (M. R. Hennes-y).. 3. 0. "

Première épreuve. Gagné d'une demi-longueur. — *Deuxième épreuve.* A l'avant dernier tournant, Tamara et Gentille-Annette
sont tombées. — *Troisième épreuve.* Reindeer
a couru seul.

PRIX DE L'EMPEREUR (*Poule des produits*).
3,250 fr.; au 2ᵉ 200 fr.; pour chevaux de
3 ans. 2,100 m.

Barbe-d'Or, par Womersley, 53 k. 1/2
    (H. Jordan fils) .... 1.
Oberon, 53 k. (J. Forster)............. 2.
Récompense, 51 k. 1/2 (G. Elsdon)..... 3.
Grippe-Sou, 53 k. (Middleditch)........ 0.
Minos, 55 k. (Burns)................... 0.

Miseria, 51 k. 1/2 (H. Paul)............ 0.
Mlle-de-Sirvenon, 51 k. 1/2 (W. Wheeler). 0.
   Gagné facilement.

GRAND PRIX DU PÉRIGORD. 5,100 fr.; au 2ᵉ
8800 fr ; pour chevaux de 4 ans et au-dessus.
63,000 m.
I Merlin, par Sting, 58 k. (Burns).. .... 1.
I Faugeras, 52 k. (J. Forster) ... . 2.
I Tintamarre, 52 k. (H. Jordan fils)..... 3.
I Re-Que-Vaillo, 50 k. 1/2 (G. Elsdon)... 0.
I Mémorial, 52 k. (Hearnden)........... 0.
   Gagné facilement.

Mardi 3 Septembre.

PRIX SPÉCIAL. 1,500 fr.; pour chevaux de
3 ans. 2,500 m.
Barbe-d'Or, par Womersley, 55 k. (Hearn-
   den)... .... 1.
Solauge, 55 k. 1/2 (D. Ellam).......... 2.
Mousquetaire, 54 k. (H. Jordan fils)... 3.
Oberon. 54 k. (J Forster) .... 0.
Sans-Vanité. 57 k. (Charrett)........... 0.
   Gagné facilement.

PRIX IMPÉRIAL. 4,000 fr.; pour chevaux de
4 ans et au dessus. 4,000 m. en partie liée.
Durandale, par Ionian, 5 ans, 56 k.
   1/2 (Hearnden). .... 1. 1.
Reindeer, 4 ans, 55 k. (J. Forster). 2. 2.
   Première épreuve. Gagné d'une demi lon-

gueur. — *Deuxième épreuve.* Gagné de deux longueurs.

PRIX PRINCIPAL. 2,500 fr.; pour chevaux de 3 ans et au-dessus. 3,000 m.

Jonathas, par Sting, 4 ans, 63 k. (J. Forster)............................... 1.
Ionienne, 5 ans, 64 k. 1/2 (W. Ludlam). 2.
Merlin, 4 ans, 60 k. (Burns)............ 3.
Tintamarre, 4 ans, 60 k. (Hearnden)..... 0.
Faugeras, 4 ans, 60 k. (D. Ellam)...... 0.
Miseria, 3 ans, 51 k. (H. Paul)......... 0.
Molendon, 3 ans, 52 k. 1/2 (Mizen)..... 0.
Mlle-de-Sirvenon, 3 ans, 51 k. (W. Wheeler)......................... 0.
Gagné facilement.

PRIX DU CHEMIN DE FER (*handicap libre*). 780 fr.; au 2e 160 fr.; pour tous chevaux. 2,000 m.

Mlle-Jenny, par Nunnykirk, 4 ans, 62 k. (Middleditch)............................ 1.
Mémorial, 4 ans (Hearnden)............ 2.
Odette, âgée (Bonheur)................. 0.
Gagné facilement.

—

SAINT-MALO

Dimanche 8 Septembre.

PRIX DE CIRCONSCRIPTION. 780 fr.; pour

rhevaux de 3 ans et au-dessus, de l'Ouest.
),,000 m. en partie liée.
Hole, par Caravan, 4 ans, 58 k. 1/2 (J.
 Love).................... a couru seule.

 PRIX DES CULTIVATEURS. 500 fr.; au 2ᵉ, 200 fr.;
m 3ᵉ, 100 fr. pour chevaux de demi-sang nés
n Bretagne. 2,000 m. en partie liée.
salma, par Horace, âgé, 68 k. 1/2
 (P. Le Gall)........... .... 2. 1. 1.
Ilma, 4 ans, 58 k. 1/2 (Boloré). . 1. 0. 3.
congpré, 5 ans, 62 k. 1/2 (Boloré) 3. 2. 2.
' Trois autres chevaux non placés.

 PRIX DES HARAS. 1,020 pour chevaux de 3
ns et au-dessus, de l'Ouest et de la Circonscription normande. 2,200 mètres.
a-Chatte, par Iago, 3 ans, 49 k. 1/2 (J.
 Love) .... 1.
ranche-d'Or II, 4 ans, 60 k. (J. Maxted). dist.
 Branche-d'Or, arrivée première, a été dé-
sarée *distancée* pour n'avoir pas porté le
ioids voulu.

 COURSE DE HAIES. 425 fr ; au 2ᵉ, 100 fr.,
jour tous chevaux. 2,000 mètres.
lalma, par Horace, âgé, 69 k. (Trévidy) 1.
oracian, âgé. 70 k (M. Roé)......... 2.
longpré, 5 ans, 65 k. (Boloré)......... 3.

 COURSE DE HAIES. 250 fr.; au 2ᵉ, 100 fr.; au
y 50 fr., pour chevaux de demi-sang, de 4
7 ans, de l'Ouest.

Talma, par Horace, âgé, 72 k. (Trévidy)   1.
Longpré, 5 ans, 66 k. (Boloré)........   2.
Carhaix.......................   0.

MONTIER-EN-DER

Dimanche 15 Septembre.

PRIX DU MINISTÈRE. 2,000 fr.; pour chevaux de 3 ans et au-dessus. 4,000 m.
Isabella, par The-Baron, 3 ans, 61 k.
   (C. Pratt)............... a couru seule.

PRIX DES DAMES (*Gentlemen-riders*). Une cravache, pour tous chevaux. 2,000 m.
Ratapoil, par The-Emperor, âgé, 65 k.
   (C. Pratt)........................   1.
   Gagné facilement, battant deux autres concurrents.

COURSE DE HAIES. 400 fr.; au 2e 100 fr.; pour tous chevaux. 2,000 m.
Chantilly, par Surplice, âgé, à M. le comte
   de Dampierre.......................   1.
Ratapoil, ch. âgé, à M. Thiérot.........   2.
   Battant deux autres concurrents.

CRAON

Dimanche 15 Septembre.

PRIX DE VERNET (*handicap*). 1,925 fr.; au 2e 100 fr.; pour chevaux de 3 ans et au-dessus, de l'Ouest et du Midi. 3,000 m.

Beau-de-Chance, par Iago, 4 ans, 58 k. (J. Love)............................. 1.
Beau-Soleil, 3 ans, 51 k. (Hardy)...... 2.
Jiribi, 6 ans, 62 k. (J. Cassidy)......... 3.
Pharaon, âgé, 63 k. (Joseph).. 0
Perle-Fine, 4 ans, 55 k. (Lalou)........ 0.
 Gagné facilement.

Lundi 16 Septembre.

PRIX DÉPARTEMENTAL. 480 fr.; au 2e 60 fr.; pour chevaux de demi-sang de 3, 4 et 5 ans. 1,000 m.

Edgard, par Glory, 3 ans, 52 k. 1/2 (Georges)............................. 1.
Long-Pré, 5 ans, 62 k. (Boloré)........ 2.
Alma, 4 ans, 50 k. 1/2 (Trevidy)....... 3.
 Gagné facilement.

PRIX PRINCIPAL. 2,500 fr.; pour chevaux de ans et au-dessus. 3,000 m.

Beau-de-Chance, par Iago, 4 ans, 60 k. (J. Love)............................. 1.

Pauvre-Mignon, ex-Angelo, 4 ans, 60 k.
(J. Cassidy)............................ 2.
Gagné facilement.

PRIX DE L'EMPEREUR. 1,100 fr.; au 2e 100 fr.;
pour chevaux de 3 ans et au-dessus. 2,400 m.
Beau-Soleil, par Caravan, 3 ans, 50 k.
(W. Hardy)......................... 1.
Perle-Fine, 4 ans, 53 k. 1/2 (Joseph)... 2.
La-Chatte, 3 ans, 43 k. 1/2 (J. Love).... 3.
Gagné facilement.

PRIX DE CIRCONSCRIPTION. 980 fr.; pour che-
vaux de 3 ans et au-dessus. 2,400 m.
Idole, par Caravan, 4 ans, 61 k. 1/2 (J.
Love) .... 1.
Branche-d'Or II, 4 ans, 61 k. 1/2 à M. Re-
verseau (J. Maxted) .... 2.
Gagné facilement.

COURSE DE HAIES. 500 fr.; au 2e 200 fr.;
pour chevaux de demi-sang. 2,800 m.
Talma, âgé, par Horace, 75 k. (Trevidy) 1.
Brusher, 5 ans, 66 k. (a porté 68) (M. le
duc de Caderousse-Gramont) .... 2.
Long-Pré, 5 ans, 69 k. (Boloré)......... 3.
Mers-el-Kébir, âgé, 75 k. (Deck)...... . 4.
Jan-Giskan, 5 ans, 69 k. (Auguste)..... 0.

POMPADOUR

Dimanche 15 *Septembre.*

ı PRIX PRINCIPAL. 3,000 fr.; pour chevaux de
ɓaus et au-dessus. 2,000 en partie liée.

ɪonathas, par Sting, 4 ans, 64 k.)(J. Foɪster)	2.	1.	1.
ɪɔnienne, 5 ans, 64 k. 1/2 (Lud-[lam)	1.	3.	2.
ɪlle-Jenny, 4 ans, 58 k. 1/2)(Middleditch)	3.	2.	ret.
ɪrcole, 3 ans, 55 k. 1/2 (Mi-ɛzen)	0	».	».
ɛagister, 4 ans, 60 k. (Flat-ɪman)	0.	».	».
ɪɔnevra, 3 ans, 51 k. (Wright).	0.	».	».
ɪerrari, 3 ans, 51 k. (W. Whee-flⅼer)	0.	».	».
ɪʌugeras, 4 ans, 60 k. (C. Brown)	0.	».	».

)Gagné facilement à chaque épreuve.

ɪ PRIX IMPÉRIAL. 4,000 fr.; pour chevaux de
ɕans et au-dessus. 6,000 m.

ɪnare, par Elthiron, 5 ans, 58 k. (Chifney)	1.
ɛɕght, 5 ans, 62 k. (D. Eliaɯ)	2.
ɛ - Que - Vaillo, 4 ans, 52 kil. 1/2)(Elsdon)	0.

)Gagné facilement.

PRIX DE LA RÉUNION. 7,450 fr.; au 2ᵉ 450 fr. pour chevaux de 4 ans et au-dessus. 4,500 m en partie liée.

Beauvais, par Elthiron, 4 ans, 62 k. (Chifney)	2.	1.	1
Faustine, 4 ans, 60 k. 1/2 (Mizen)	3.	2.	2.
Bissextil, 5 ans, 60 k. (Brown)	4.	3.	»
Pauvre-Hère, 4 ans, 62 k. (Flatman)	1.	»	».

Gagné facilement à chaque épreuve. Pauvre-Hère est tombé boiteux en gagnant la première manche.

Mardi 17 Septembre.

GRAND SAINT-LÉGER DU MIDI. 8,200 fr.; au 2ᵉ 600 fr.; pour chevaux de 3 ans, du Midi. 3,000 m.

Minos, par Sting, 56 k. (Mizen)	1.
Barbe-d'Or, 56 k. 1/2 (Hearnden)	2.
Ainsi-Soit-il, 54 k. (G. Elsdon)	3.
Plaisir-des-Dames, 54 k. (Flatman)	4.
Beau-Sire, 59 k. (H. Jordan fils)	0.
Victorine, 52 k. 1/2 (J. Mazaire)	0.
Cadet-Roussel, 54 k. (R. Wright)	0.
Oberon, 54 k. (J. Forster)	0.
Miséria, 52 k. 1/2 (H. Paul)	0.
Grippe-Sou, 54 k. (Middleditch)	0.
Fantaisie, 52 k. 1/2 (W. Wheeler)	0.
Flibustier, 54 k. (C. Brown)	0.

ᴜrcole, 57 k. (G. Mizen)..... .... 0.
ᴅolendon, 56 k. (D. Ellam)........... 0.
   Gagné très-facilement.

   GRAND PRIX DU MIDI. 4,900 fr.; au 2ᵉ 600 fr.; pour chevaux de 4 ans et au-dessus. 4,000 m. en partie liée.

ᴅurandale, par Ionian, 5 ans, 56 k.
   1/2 (Hearnden).... .... 1. 1.
ᴏrlandino, 4 ans, 55 k. (Flatman).. 2. 2.
ᴍlle-Jenny, 53 k. 1/2 (Middleditch). 4. 3.
ꜱaugeras, 5 ans, 53 k 1/2 (J. Forster) 3. 4.
ᴄyllarus, 4 ans, 55 k. (Ribière).... 0. ".
ᴳagné facilement à chaque épreuve.

   PRIX PEMBROKE (*handicap libre*). 1,400 fr.; pour tous chevaux ayant couru à Pompadour en 1861. 2,000 m.

ᴮissextil, par Malton, 5 ans, 69 k. 1/2
   (C. Brown)........................... 1.
ᴍiséria, 3 ans, 41 k. (J. Forster).. ... 2.
ꜱolange, 3 ans, 56 k. (D. Ellam)....... 3.
ᴿe-Que-Vaillo, 4 ans, 52 k. 1/2 (G. Elsdon)............................. 0.
ᴄadet-Roussel, 3 ans, 50 k. (W. Wheeler) 0.
   Gagné très-facilement.

CHANTILLY

Première réunion d'Automne

Dimanche 22 Septembre.

PRIX DES HARAS IMPÉRIAUX. 4,700 fr.; pour chevaux de 4 ans. 4,000 m.

Surprise, par Gladiator, 4 ans, 56 k. (C. Pratt)...................... a couru seule.

PREMIER CRITERIUM. 3,300 fr.; pour poulains de 2 ans, 54 k. 800 m.

Partisan, par Launcelot (T. Osborne) .. 1.
Pigeon-Vole (Flatman)................... 2.
Benjamin (A. Watkins)................... 3.
Don-Juan (Bartholomew)............. ..... 4.
Rush (Titchener)....................... 0
Heurlys (G Pratt)...................... 0.
Querido (Chifney)...................... 0.
Patrician (Kitchener).................. 0.
Le-Duc-Job (C. Pratt).................. 0.
Paratonnerre (J. Forster).............. 0.
Adriers (A. Pantal). .... 0.

Paris : 5/2 pour Partisan, 4/1 contre Le-Duc-Job, 6/1 chaque contre Pigeon-Vole et Benjamin, 8/1 contre Rush, et 10/1 contre Don-Juan. Gagné très-facilement.

PRIX DE SYLVIE. 1,500 fr.; pour chevaux de 3 ans et au-dessus. 2,000 m

Violette. par Ion, 4 ans, 58 k. (T. Osborne)................................... 1

Lilas, 3 ans, 52 k. (Flatman)..... ..... 2.
Horoscope, 4 ans, 60 k. (Chifney)...... 0.
Clarinette, 4 ans, 58 k. (J. Watkins)... 0.
Crésus, 3 ans, 53 k. (Kitchener)........ 0.

Paris : 6/4 contre Violette, et 4/1 chaque contre Crésus et Lilas. Gagné d'une demi longueur Le gagnant a été réclamé par M. H. Gibson pour 3,000 fr. 75 c.

DEUXIÈME CRITERIUM. 3.200 fr.; pour poulliches de 2 ans. 53 k. 800 m.
Gemma, par Womersley (A. Watkins)... 1.
Stradella (C. Pratt)... .... 2.
Ile-de-France (J Forster).......... 3.
Bonne-Aventure (W. Carter)......... . 0.
Friandise (Chifney)............. . 0.
Lady-Whist (Flatman)............... 0.
Bisbille (T. Osborne).............. 0.
Pensez-à-Moi (G. Pratt)........ . . 0.
Ariane (Kitchener)................ 0.
Phèdre (J. Watkins)................ 0.

Paris: 2/1 contre Stradella, 3/1 contre Bisbille. 4/1 contre Gemma, et 5/1 contre Ile-de-France. Gemma battait d'une demi longueur Stradella retenue.

PRIX DE L'EMPEREUR. 13,250 fr.; au 2ᵉ 500 fr.; pour tous chevaux de 3 ans et au-dessus. 3,000 m.

Palestro, par Fitz-Gladiator, 3 ans, 43 k.
   1/2 (A. Watkins)................ 1.
Mon-Etoile, 4 ans, 52 k. 1/2 (Spréoty).. 2.

Pierrefonds, 4 ans, 49 k. (C. Pratt) .... 3.
Gustave, 4 ans, 54 k. (Kitchener) ...... 4.

Paris : 4/1 pour Mon-Étoile, 8/1 contre Palestro. et 10/1 chaque contre Gustave et Pierrefonds. Gagné de deux longueurs.

PARIS

Réunion d'Automne

Dimanche 29 Septembre.

PRIX PRINCIPAL. 4,300 fr.; au 2ᵉ 300 fr.; pour chevaux de 3 ans et au-dessus. 4,000 m.

Surprise, par Gladiator, 4 ans, 62 k. 1/2
  (C. Pratt)................................. 1.
Angus, 3 ans, 53 k. (Flatman)......... 2.
Pierrefonds, 4 ans, 61 k. (A. Watkins). 3.
Clémence, 3 ans, 51 k. 1/2 (Spréoty)... 0.

Paris : 6/4 pour la grande écurie, 3/2 contre Angus et 4/1 contre Clémence. Gagné d'une tête.

PRIX DE LA PRAIRIE. 1,800 fr.; pour chevaux de 3 ans et au-dessus. 3,000 m.

Pamplemousse, par Festival, 3 ans, 53 k.
  (G. Pratt)................................. 1.
Propre-à-Rien, 4 ans, 64 k. (Chifney)... 2.
Merlette, 3 ans, 51 k. 1/2 (Kitchener)... 3.
Biribi, 6 ans, 62 k. (J. Cassidy)........ 0.
Manche-à-Balai, 4 ans, 60 k. (J. Watkins) 0.

Paris : 5/2 contre Pamplemousse, 3/1 contre

¶Propre-à-Rien, et 5/1 contre Biribi. Gagné de
bdeux longueurs. Le gagnant a été réclamé
qpar M. Fasquel fils, pour 3,620 fr.

PRIX DES HARAS. 2,300 fr.; pour chevaux de
C 3 ans et au-dessus. 3,000 m.

I Dangu, par Fitz Gladiator, 4 ans (C. Pratt)..	1.
I Feruck-Khan, 4 ans, (W. Carter)......	2.
) Goëlette, 6 ans (Spréoty)...............	0.
I Platane, 3 ans (Chifney)...............	0.
I Bouillabaisse, 3 ans (G. Pratt)........	0
L Arcole, 3 ans (A. Watkins)............	0.

Paris : 5/4 pour Goëlette, 3/1 contre Bouillabaisse et 5/1 contre Dangu. Gagné d'une
tête.

GRAND PRIX DU PRINCE IMPÉRIAL. 11,275 fr.;
au 2ᵉ 1,275 fr.; pour chevaux de 3 ans, 56 k.
3,200 m.

Palestro, par Fitz Gladiator (A. Watkins)	1.
Panique (J. Bartholomew)...............	2.
Good-By (C. Pratt).....................	0.
Bon-Vivant (Spréoty)...................	0.
Eclair (W. Carter).....................	0.
Bochet (Chifney)......................	0.
Jambe-d'Argent (A. Pantal)............	0.

Dernière cote des paris : 6/4 contre Palestro, 4/1 contre Éclair, 5/1 contre Bon-Vivant,
et 6/1 chaque contre Good-By et Panique.
Gagné d'une longueur.

PRIX D'AUTOMNE, 2,100 fr.; au 2ᵉ 100 fr.;

pour chevaux de 3 ans et au-dessus. 4,000 m.
Pilote, par Ion, 3 ans, 52 k. (C. Pratt). 1..
Faustine, 4 ans, 58 k. 1/2 (A. Watkins). 2.
Rioter, 4 ans, 60 k. (Titchener)........ 0.

Paris : Égalité pour Pilote, et 3/1 contre Rioter. Rioter s'est dérobé. Montant du prix 2,100 fr. Pilote est arrivé le premier d'une demi-longueur.

Dimanche 6 Octobre.

PRIX EXTRAORDINAIRE. 2,350 fr.; pour chevaux de 3 ans et au-dessus. 2,400 m.

Violette, par Ion, 4 ans (1,500 fr.), 54 k.
  (Ch fney)............................. 1.
Goëlette, 6 ans (5,000 fr.), 63 k. 1/2
  (Spréoty)........................... 2.
Pilote, 3 ans (3,000 f .), 53 k. (C. Pratt) 3.
Propre-à-Rien, 4 ans (5,000 fr.), 63 k. 0.
  (Flatman)........................ 0.
Princesse-de-la-Paix, 5 ans (1,500 fr.),
  55 k. 1/2 (P. Birée) .... 0.
Sauvagine, 4 ans (1,500 fr.), 54 k. (Kitchener)........................ 0.
Pamplemousse, 3 ans (3,000 fr.), 53 k.
  G. Pratt) . ... 0.

Paris : 6/4 contre Pilote, 3/1 chaque contre Goëlette et Violette, 4/1 contre Pamplemousse et 6/1 contre Propre-à-Rien. Gagné d'une encolure. Violette a été réclamée par son propriétaire pour 2,155 fr.

GRAND CRITÉRIUM. 5,800 fr. au 2ᵉ 200 fr.;
pour chevaux de 2 ans, 54 k. 1,500 m.

Stradella, par Cossack ou Father-Thames
    (C. Pratt).......................... 1.
Partisan (T. Osborne)................... 2.
Trustiness (Greenwood)............... 3.
Le-Duc-Job (J. Watkins)............... 0.
Ile-de-France (J. Forster)............... 0.
Gemma (A. Watkins)................... 0.
Patrician (T. Williams)................. 0.
Pigeon-Vole (Flatman)................. 0.

Paris : 2/1 contre Partisan, 5/1 chaque
contre Stradella et Gemma, et 6/1 contre
Pigeon-Vole. Ga né de deux longueurs.

PRIX IMPÉRIAL. 5,375 fr.; au 2ᵉ 375 fr.;
pour chevaux de 4 ans et au-dessus. 4,800 m.
Surprise, par Gladiator, 4 ans, 58 k. 1/2
    (C. Pratt).......................... 1.
Beauvais, 4 ans, 60 k. (Chifney)....... 2.

Paris : 6/4 pour Beauvais. Gagné facilement.

OMNIUM (*handicap*). 12,600 fr.; au 2ᵉ 300 fr.;
pour chevaux de 3 ans et au-dessus 2,400 m.
Saint-Aignan, par Iago, 3 ans, 49 k. 1/2
    (J. Maxted)......................... 1.
Fredaine, 3 ans, 40 k. (A. Pantal)..... 2.
Oberon II, 3 ans, 45 k. (A. Watkins)... 3.
Demi-Castor, 3 ans, 47 k. (J. Watkins). 4.
Ionienne, 5 ans, 52 k. 1/2 (C. Pratt)... 5.
Bissextil, 5 ans, 58 k. 1/2 (C. Brown).. 0.

Angus, 3 ans, 52 k. 1/2 (Flatman)............ 0.
Royal-Junior, 4 ans, 52 k. (G. Pratt)..... 0.
Reindeer, 4 ans, 49 k. 1/2 (Titchener)... 0.
Emeraude, 4 ans, 49 k. (T. Williams)... 0.
Grabuge, 3 ans, 48 k. 1/2 (Kitchener).. 0.
Hetman, 3 ans, 47 k. (Heffer)........... 0.
Rover, 3 ans, 45 k. (J. Forster)....... 0.

Dernière cote des paris : 3/1 contre Oberon, 4/1 contre Saint-Aignan, 5/1 contre Demi-Castor, 7/1 chaque contre Hetman et Royal-Junior, 10/1 chaque contre Angus et Ionienne, 20/1 contre Grabuge, 30/1 contre Frédaine et 40/1 (offert) contre chacun des autres chevaux. Gagné d'une encolure ; une demi-longueur entre le deuxième et le troisième.

PRIX PRINCIPAL. 3,100 fr.; au 2e 100 fr.; pour chevaux de 3 ans. 2,400 m.

Panique, par Alarm, 53 k. 1/2 (J. Bartho-
   lomew)............................... 1.
Good-By, 55 k. (C. Pratt)............. 2.
   Paris : 6/4 pour Panique. Gagné facilement.

Dimanche 13 Octobre.

PRIX SPÉCIAL. 3,075 fr.; pour chevaux de 3 ans et au-dessus. 2,400 m. en partie liée.

Compiègne, par Fitz-Gladiator, 3 ans,
   54 k. (C. Pratt).................... 1. 1.
Éclair, 3 ans, 52 k. 1/2 (W. Carter) 2. 2.

Première épreuve. Paris: 2/1 pour Compiègne. Gagné facilement d'une longueur.

Deuxième épreuve. 5/1 pour Compiègne. Gagné facilement de deux longueurs.

PRIX DU MOULIN. 2,300 fr.; pour chevaux de 3 ans et au-dessus. 3,000 m.

Saint-Aignan, par Iago, 3 ans, 52 k. (Kitchener) .... 1.
Pilote, 3 ans, 52 k. (C. Pratt) .... 2.
Goëlette, 6 ans, 58 k. 1/2, (Spréoty) .... 3.
Durandale, 5 ans, 58 k. 1/2 (Hearnden).. 0.
Jambe-d'Argent, 3 ans, 52 k. (A. Watkins) 0.

Paris : 6/4 pour Saint-Aignan, 4/1 contre Goëlette et 6/1 contre Pilote. Gagné très-facilement. Durandale s'est disloqué les paturons et a été abattue sur place.

PRIX DE LA CASCADE. 1,680 fr.; pour chevaux de 3 ans et au-dessus. 1,900 m.

Lilas, par Elthiron ou Festival, 3 ans, 52 k. (Flatman)............................ 1.
Martha, 3 ans, 52 k. (T. Osborne) ...... 2.
Reindeer, 4 ans, 60 k. (Titchener)...... 3.
Passiflore, 3 ans, 52 k. (A. Watkins).... 4.

Paris : 6/4 pour Martha et 3/1 chaque contre Passiflore et Lilas. Gagné facilement d'une longueur et demie.

GRAND PRIX DE L'EMPEREUR. 21,125 fr.; pour chevaux de 4 ans et au-dessus. 6,200 m.

Surprise, par Gladiator. 4 ans, 60 k. 1/2
    (C. Pratt)........................... 1.
Gouvieux, 6 ans, 60 k. 1/2 (A. Watkins) 2.
Mon-Étoile, 4 ans, 60 k. 1/2 (Chifney)... 0.
Faustine, 4 ans, 60 k. 1/2 (D. Ellam)... 0.

Dernière cote des paris: 7/4 contre Mon-Étoile, 5/2 contre Surprise et 6/1 contre Gouvieux. Gagné très-facilement. Mon-Étoile arrêtée après avoir fourni 4,000 m. environ.

PRIX DE SAINT-CLOUD (*handicap*). 4,700 fr.; pour chevaux de 3 ans et au-dessus. 3,000 m.
Feruck-Khan, par The-Baron, 4 ans, 52 k.
    1/2 (W. Carter)..................... 1.
Audacieuse. 3 ans, 45 k. (Bundy)....... 2.
Oberon II, 3 ans, 50 k. (J. Bartholomew). 3.
Rioter, 4 ans, 57 k. 1/2 (Titchener)..... 0.

Paris : 2/1 contre Feruck-Khan, 5/2 contre Oberon. 4/1 contre Audacieuse et 5/1 contre Rioter. Gagné facilement.

—

MANTES

Jeudi 3 Octobre.

(Les courses de Mantes sont exclusivement réservées aux Gentlemen-Riders)

PRIX DE L'EMPEREUR (*handicap*). 900 fr.; au 2ᵉ 100 fr.; pour chevaux de 3 ans et au-dessus. 2,500 m.

u.udacieuse, par The-Baron, 3 ans, 65 k.
| (M. le capitaine Hunt).............. 1.
sassiflore, 3 ans, 65 k. (le propriétaire) 2.
| Gagné facilement.
[POULE DE HACKS Un tableau peint et offert
|par M. Corot, et 150 fr.: pour tous chevaux
æ 3 ans et au-dessus servant comme hacks.
),600 m.
corêt-du-Lis, par Pyrrhus-the-First, âgée,
' 70 k. (M. le duc de Caderousse) ... 1.
Ille-Cravachon, 5 ans, 70 k. (M. Blount) 2.
saricature, 3 ans, 70 k. (le propriétaire) 0.
| Gagné très-facilement.
[PRIX DE LA VILLE (*prix à réclamer*). 950 fr.;
m 2e 50 fr.; pour chevaux de 3 ans et au-
sessus. 2,300 m.
oloroscope, par Ion, 4 ans (1,500 fr.), 68 k.
| (M. le capitaine Hunt).............. 1.
sassiflore, 3 ans (2,500 fr.), 65 k. (le pro-
| priétaire) ...., 2.
| Gagné d'une longueur.

—

SAINTES

Samedi 5 octobre.

[POULE DE HACKS (*Gentlemen-riders*). Une
rme de prix et 85 fr. 2,000 m.
sem, par Assault, 6 ans (M. L. Dupin)... 1.
rrompette, âgée (le propriétaire)........ 2.
omina, 5 ans (le propriétaire)......... 3.

Dimanche 6 octobre.

PRIX DE LA VILLE. 1,400 fr.; au 2ᵉ 100 fr.; pour chevaux de 3 ans et au-dessus, de l'Ouest et du Midi. 2,600 m. en partie liée.

Peu-de-Chance, par Iago, 4 ans, 65 k. (J. Love).......................... 1. 1.
Mlle-Jenny, 4 ans, 60 k. 1/2 (Middleditch)........................ 2. 2.

PRIX DE FONDS. 500 fr. et 50 bouteilles d'eau-de-vie; pour chevaux de 4 ans et au-dessus, de l'Ouest et du Midi. 6,000 m.

Accroche-Cœur, par Mahon, âgé (2,000 fr.) 66 k. (Dupuy)............. a couru seul.

PRIX A RÉCLAMER. 8?0 fr.; pour chevaux de 3 ans, de l'Ouest et du Midi. 2 000 m.

La-Chatte, par Iago, 51 k. 1/2 (J. Love) .... a couru seule.

TOURS

Jeudi 10 octobre.

(Les courses de Tours sont exclusivement réservées aux Gentlemen riders.)

PRIX DU CONSEIL GÉNÉRAL (*handicap*). 1,950 fr.; au 2ᵉ 100 fr.; pour tous chevaux. 2,000 m.

Idole, par Caravan, 4 ans, 70 k. (M. E. Pilon) .... 1.
Audacieuse, 3 ans, 64 k. 1/2 (M. le capitaine Hunt)........................... 2.

ôissextil, 5 ans, 75 k. (M. le baron Finot)   3.
Gagné d'une tête.

PRIX DU CONSEIL MUNICIPAL. 1,800 fr.; au 2ᵉ
000 fr.; pour chevaux de 3 ans et au-dessus.
),000 m.

iolette, par Ion, 4 ans (3,000 fr.), 69 k.
(M. le capitaine Hunt)............ .   1.
sage, 6 ans (1,000 fr.), 69 k. (M. H. A.
Blount)..................... ....   2.
samplemousse, 3 ans (3,000 fr.) 64 k. (M. le
duc de Caderousse) ....   0.
anvier, 4 ans (2,000 fr.) 69 k. 1/2 (M. de
Pierres)..... ....   0.
oobinson, 4 ans (1,000 fr.) 67 k. 1/2 (M. L.
de Saint-Germain)...................   0.
Gagné d'une demi-longueur.

PRIX DU MENNETON. 750 fr ; au 2ᵉ 150 fr.;
n 3ᵉ 100 fr.; pour chevaux de 3 ans et au-
essus. 2,000 m.

haraon, par Gladiator ou Nautilus, âgé,
70 k (le propriétaire).. ....   1.
a-Chatte, 3 ans, 58 k. 1/2 (M. Métois).   2.
amplemousse. 3 ans, 68 k. (M. le capitaine Hunt) ....   0.
Gagné d'une tête.

COURSE DE HAIES (*handicap*). 925 fr.; pour
us chevaux. 2,400 m.

ume-Coq, par The-Prime-Warden, 5 ans,
71 k. (M. le capitaine Hunt)........   1.

Princesse-de-la-Paix, 5 ans, 70 k. (M. L.
de Saint-Germain)................. 2
Naughty-Boy, âgé, 73 k. (le propriétaire). 0
Gagné d'une longueur.

—

CHANTILLY

Deuxième réunion d'Automne.

Dimanche 20 octobre.

PRIX DU CONNÉTABLE. 1,740 fr.; pour che-
vaux de 3 ans et au-dessus. 4,200 m.
Hetman, par Cossack, 3 ans, 52 k. (T.
Osborne)............................ 1.
Page, 6 ans, 64 k. (Mundy)........... 2.
Rover, 3 ans, 52 k. (Webb)........... 3.

    Paris : Égalité pour Page et 6/4 contre
Hetman. Gagné d'une demi-longueur. Le gagnant a été réclamé par M. H. Jennings pour
2,625 fr. et recédé immédiatement à M. E. Legrand (de Mons).

PRIX DES RÉSERVOIRS. 3,200 fr.; pour che-
vaux de tout âge. 1,500 m.
Capeline, par The-Baron, 2 ans, 43 k. 1/2
(G. Pratt)........................... 1.
Pilote, 3 ans, 56 k. (C. Pratt)....... 2.
Lilas, 3 ans, 54 k. 1/2 (Flatman)..... 3.

Régina II, 2 ans, 40 k. (G. Elsley).....   4.
Janvier, 4 ans, 61 k. (J. Love)..........   0.
Propre-à-Rien, 4 ans, 61 k. (Kitchener).   0.
Dix-Boulettes, 3 ans, 54 k. 1/2 (J. Wat-
    kins)...................................   0.
Rush, 2 ans 41 k. 1/2 (......)..........   0.
Michelet, 2 ans, 41 k. 1/2 (H. Pantal)..   0.
Ariane, 2 ans, 40 k. (Webb)............   0.
Kabyle, 2 ans, 41 k. 1/2 (W. Smith)...   0.
Friandise, 2 ans, 40 k. (Wicks)........   0.
Pensez-à-Moi, 2 ans, 40 k (A. Pantal)..   0.
Bébé, 2 ans, 40 k. (Bundy)............   0.
J..., 40 k. par Cossack et Quality, 2 ans,
    (E. Flatman).............................   0.

Paris : 3/1 contre Capeline, 4/1 contre Pi-
cote, 5/1 contre Lilas, 6/1 contre Propre-à-
Rien et 10/1 chaque contre Rush, Régina,
Kabyle et Bébé. Gagné facilement. Ariane
est tombée 200 m. environ après le départ. Le
gagnant a été réclamé par M. le comte Demi-
doff, pour 6,200 fr.

PRIX DES TRIBUNES (*handicap*). 3.150 fr.;
pour chevaux de 3 ans et au dessus. 2,100 m.

Rosière, par Ion, 4 ans, 55 k. (Kitchener)   1.
Audacieuse, 3 ans, 44 k. (Bundy).. ...   2.
Reindeer, 4 ans, 50 k. (Webb) ....   3.
Pauvre-Mignon, 4 ans, 61 k. (T. Osborne)   0.
Rioter, 4 ans, 60 k. (Titchener) ......   0.
Manche-à-Balai, 4 ans, 56 k. 1/2 (J.
    Watkins)................................   0.
Royal-Junior, 4 ans, 56 k. (G. Pratt)..   0.

Ionienne, 5 ans, 55 k. 1/2 (C. Pratt).. 0.
Peu-de-Chance, 4 ans, 55 k. (J. Love).. 0.
Demi-Castor, 3 ans, 51 k. (Flatman)... 0.
Tentation, 3 ans, 45 k. (A. Pantal).... 0.
Peau-Rouge, 3 ans, 44 k. (J. Forster).. 0.

Paris : 3/1 contre Rosière, 4/1 chaque contre Demi-Castor et Peu-de-Chance, 5/1 chaque contre Audacieuse et Pauvre-Mignon et 8/1 chaque contre Peau-Rouge, Ionienne et Rioter. Gagné de trois-quarts de longueur.

PRIX DE LA FORÊT. 3,000 fr.; pour chevaux de 2 et 3 ans. 2,000 m.

Bravoure, par Iago, 2 ans, 40 k. 1/2 (H. Pantal).................................. 1.
Compiègne, 3 ans, 62 k. (C. Pratt).... 2.
Oberon II, 3 ans, 58 k. (J. Bartholomew). 0.
Bonne-Aventure, 2 ans, 40 k. 1/2 (E. Flatman).................................. 0.
Heurlys, 2 ans, 42 k. (G. Pratt)...... 0.
Régina, 2 ans, 40 k 1/2 (W. Smith). . 0.
Bisbille, 2 ans, 40 k. 1/2 (G. Elsley)... 0.

Paris : 2/1 pour Compiègne, et 5/1 chaque contre Oberon et Bisbille. Gagné d'une tête.

PRIX DE CONSOLATION. 2,100 fr.; pour chevaux de 3 ans et au-dessus, n'ayant pas gagné en 1861, un prix de 2,500 fr. 2,000 m.

Avalanche, par Fitz-Gladiator, 3 ans, 52 k. 1/2 (G. Mizen).............. 1.
Dangu, 4 ans, 60 k. (C. Pratt)........ 2.
Éclair, 3 ans, 52 k. 1/2 (W. Carter).. 0.

Quêteuse, 3 ans, 50 k. (J. Forster)..... 0.
Vert-Galant, 6 ans, 61 k. (Chifney).... 0.

Paris : 6/4 contre Éclair et 2/1 chaque contre Vert-Galant et Dangu. Gagné facilement.

PARI PARTICULIER. 5,000 chaque ; forfait 1,000 fr. 1,200 m.

Gemma, 2 ans, par Womersley.
a reçu le forfait.
Vapeur, 2 ans.......... a payé le forfait.

—

MARSEILLE

(Réunion d'automne.)

Vendredi 1er novembre.

PRIX DE LA SOCIÉTÉ D'ENCOURAGEMENT. 2,350 f.; pour chevaux de 3 ans et au-dessus. Distance, 1,400 mètres.

Plaisir-des-Dames, par Pédagogue, 3 ans, 53 k. 1/2 (Francis)........ .... 1.
Peu-de-Chance, 4 ans, 60 k. (J. Love).. 2.
Crésus, 3 ans, 53 k. 1/2 (Kitchener)..... 0.
Mélange, 3 ans, 52 k. (A. Pantal) ...... 0.
Polendon, 3 ans, 53 k. 1/2 (C. Pratt)... 0.
Paris : 2/1 contre Peu-de-Chance, 3/1 chaque contre Crésus et Plaisir-des-Dames. Gagné d'une longueur.

PRIX DES PHOCÉENS. 4,275 fr.; au 2e, 275 fr.; pour chevaux de 2 ans. 1,200 m.

Vertu-Facile, par Pédagogue et Débutante, 53 k. (Francis) .... 1.

Falendre, par Faugh-a-Ballagh et Gringalette, 54 k. (C. Pratt) .... 2.

Grande-Puissance, par The-Nabob et The-Abbess, 53 k. (J. Forster) .... 0.

Gemma, par Womersley et Garenne, 53 kil. (A. Pantal) .... 0.

Paris : 2/1 pour Falendre, 5/1 contre Grande Puissance, 6/1 contre Vertu-Facile. Gagné d'une tête.

PRIX DU CHATEAU BORELLY (*handicap*). —2,050 f. au 2e, 400 fr.; pour tous chevaux de 3 ans et au-dessus. 2,500 m.

Oberon II, par Iago, 3 ans, 51 k. (J. Bartholomew) ... . 1.

Diable-au-Corps, 3 ans, 50 k. (Clarke) ... 2.

Audacieuse, 3 ans, 46 k. 1/2 (Bundy) ... 3.

Jonathas, 4 ans, 60 kil. (J. Forster) ..... 0.

Rosière, 4 ans, 60 kil. (Kitchener) ...... 0.

Avalanche, 3 ans, 56 k. (G. Mizen) ..... 0.

Ionienne, 5 ans, 55 k. 1/2 (C. Pratt). .. 0.

Reindeer, 4 ans, 51 k. (A. Pantal) ...... 0.

Paris : 3/1 contre Audacieuse, 4/1 chaque contre Rosière et Diable-au-Corps, 5/1 contre Oberon, 6/1 contre Avalanche. Gagné d'une longueur.

PRIX DE L'EMPEREUR. 2,400 fr.; pour chevaux de 3 ans et au-dessus. 3,200 m.

Tolla, par Festival, 3 ans, 52 k. 1/2 (G. Mizen)......................... 1.
Pilote, 3 ans, 54 k. (C. Pratt)............ 2.
Idole, 4 ans, 55 k. (J. Love).......... 0.

Paris : 2/1 pour Tolla, 4/1 contre Idole. Gagné très-facilement.

PRIX DES DAMES (*Gentlemen-riders*).—950 fr.; au 2e, 450 fr.; pour tous chevaux n'ayant pas été entraînés depuis le 1er janvier 1861. 1,800 m.

Stella, par Sting, âgée, 66 k. (M. le comte de Négro) .... 1.
Bobine, 6 ans, 70 k. (le propriétaire)... 2.
Priamess, 5 ans, 63 k. (le propriétaire)... 0.
Tip-Top, 5 ans, 67 k. (le propriétaire).. 0.

Paris : Égalité pour Bobine. Gagné très-facilement.

Dimanche 3 novembre.

PRIX DU CHEMIN DE FER.—2,450 fr.; pour tous chevaux de 3 ans et au-dessus. 1,600 m.

Caresse, par Pédagogue, 3 ans, 53 kil. (Francis) .... 1.
Violette, 4 ans (1,000 fr.), 55 k. (J. Bartholomew)............................... 2
Crésus, 3 ans, 54 k. 1/2 (Kitchener).... 0.
Solange, 3 ans, 53 k. (C. Pratt)......... 0.
Mendosse, 6 ans, 60 k. (le propriétaire). 0.
Gracieuse, 5 ans, 60 k. (Abescat)....... 0.
Maria, âgée, 60 k............................ 0.

Paris : 2/1 contre Violette, 3/1 contre Caresse, 5/1 contre Crésus, 8/1 contre Solange. Gagné d'une longueur. Caresse a été réclamée pour 2,205 fr. par M. Porte, qui l'a immédiatement cédée à l'écurie de La Moriaye.

PRIX DES HARAS. 2,350 fr.; pour chevaux de 3 ans et au-dessus, de l'Ouest et du Midi. 3,200 m.

Peu-de-Chance, par Iago, 4 ans, 60 k. (J. Love) .... 1.
Plaisir des-Dames, 3 ans, 53 k. (Francis) 2.
Molendon, 3 ans, 53 k. (C. Pratt)...... 0.
Jonathas, 4 ans, 60 k. (J Forster)....... 0.
La Galeuse, âgée, 61 k. 1/2 (Rolland)... 0.

Paris : 2/1 contre Plaisir-des Dames, 3/1 contre Jonathas, 4/1 contre Peu-de-Chance. Gagné d'une encolure.

PRIX DU DÉPARTEMENT. 3,250 fr.; au 2ᵉ, 250 fr.; pour chevaux de 2 ans et au-dessus. 1,500 m.

Vertu-Facile, par Pédagogue, 2 ans, 42 k. 1/2 (Bandy).. .... 1.
Grande-Puissance, 2 ans, 42 k. 1/2 (J. Forster).......................... 2.
Falendre, 2 ans, 44 k. (G. Mizen)....... 3.
Ionienne, 5 ans, 63 k. 1/2 (W. Ludlam). 0.

Paris : Égalité pour Falendre, 6/4 contre Vertu-Facile. Gagné très-facilement.

GRAND PRIX DE LA VILLE. 12,750 fr.; au 2ᵉ, 800 fr.; pour tous chevaux de 3 ans et au-dessus. 3,200 m.

Panique, par Alarm, 3 ans, 47 k. 1/2 (Kitchener).................................... 1.
Diable-au-Corps, 3 ans, 46 k. 1/2 (Bundy)   2.
Tolla, 3 ans, 47 k. 1/2 (A. Pantal)...... 3.
Avalanche, 3 ans, 47 k. 1/2 (G. Mizen).. 4.
Saint-Aignan, 3 ans, 54 k. (J. Maxted).. 0.
Oberon II, 3 ans, 49 k. (J. Bartholomew)... 0.
Compiègne, 3 ans. 54 k. (C. Pratt)..... 0.

Paris : Égalité pour Panique, 4/1 chaque contre Compiègne, Saint-Aignan et Diable-au-Corps, 6/1 contre Avalanche. Gagné facilement d'une longueur.

PRIX DE CONSOLATION (*handicap libre*).— 1,700 fr.; pour chevaux ayant couru à Marseille sans y gagner un prix de 3,000 francs. 1,600 m.

Pilote, par Ion, 3 ans, 56 k. (C. Pratt)... 1.
Ionienne, 5 ans, 53 k. (A. Pantal)...... 2.
Rosière, 4 ans, 58 k. 1/2 (Kitchener)... 3.
Audacieuse, 3 ans, 52 k. (Bundy)...... 0.
Gemma, 2 ans, 46 k. (G. Mizen)....... 0.

Gagné d'une demi-longueur.

PRIX DE SURPRISE (*Gentlemen-riders*). 400 fr.; pour chevaux de 3 ans et au-dessus. 1,500 m.

Pilote, par Ion, 3 ans (M. le duc de Caderousse)................... a couru seul.

STEEPLE-CHASES

LA MARCHE

Réunion du Printemps

Dimanche 17 mars.

PRIX D'OUVERTURE. 2,700 fr., au 2e 100 fr.; pour tous chevaux n'ayant jamais gagné un steeple-chase de 8,000 fr. 4,000 m.

Surprise, par The-Prime-Warden, âgée,
    67 k. (L. Lefur)...................... 1.
Pyrrhus-the-Second, âgé, 63 k. (Quinten) 2.
Topsy, 4 ans, 55 k. (T. Clay)........... 3.
Battle, âgée, 70 k. (T. Smith) .... 0.
Ringleader, âgé, 67 k. (J. Cassidy)...... 0.
Paddy, âgé, 65 k. (Hockerill).......... 0.

Paris : 2/1 contre Surprise, 3/1 chaque contre Paddy et Pyrrhus, 4/1 contre Ringleader, 5/1 contre Battle et 6/1 contre Topsy. Gagné très-facilement. Battle et Paddy ont été arrêtés.

PRIX DES TRIBUNES. 1,475 fr.; au 2e 200 fr.; pour tous chevaux n'ayant pas gagné un steeple-chase de 1,000 fr. 3,600 m.

Gisors, par Elthiron ou Falstaff, 4 ans,
    59 k. (J. Cassidy)..................... 1.

I Bièvre, 5 ans, 66 k. (T. Smith)............ 2,
I Havelock, âgé, 65 k. (T. Clay)........... 3.
I Minouche, 5 ans, 63 k. (Mundy)........ 0.
I Horoscope, 4 ans, 59 k. (J. Hazel)....... 0

Paris : 6/4 contre Bièvre, 3/1 contre Minouche et 4/1 chaque contre Gisors et Horoscope.
Gagné facilement. Havelock, Bièvre, Minouche
et Horoscope sont tombés.

PRIX D'ESSAI. 1,175 fr.; au 2e 225 fr.; pour tous
chevaux n'ayant jamais gagné un steeple-
chase ou une course de haies. 3,600 m.

Ben-Leil, par The-Prime-Warden, 5 ans,
    68 k. (R. Agates)... .... 1.
Gisors, 4 ans, 55 k. (a porté 59) (J. Cas-
    sidy) .... 2.
Horoscope, 4 ans, 59 k. (T. Smith)..... 3.
Miss-Harkaway, âgée, 61 k. (le proprié-
    taire) .... 0.
Rose-de-Noël, âgée, (W. Boldrick)....... 0.
Chasseur, 5 ans, 59 k. (J. Hazel)........ 0.
Minouche, 5 ans, 59 k. (Mundy)....... 0.
Trustworthy, 5 ans, 59 k. (Cobb)....... 0.
Vestra, 5 ans, 59 k. (T. Clay).......... 0.

Paris : 3/1 contre Chasseur, 4/1 contre Ben-
Leil, 5/1 chaque contre Minouche et Gisors et
8/1 contre Horoscope. Gagné facilement. A
l'exception des chevaux placés, les autres n'ont
pas complété le parcours.

Dimanche 24 mars.

PRIX DU PRINTEMPS. 3,100 fr. au 2e 100 fr.;

pour chevaux n'ayant jamais gagné un steeple-chase de 8,000 fr. 6,000 m.

Surprise, par The-Prime-Warden, âgée,
68 k. (L. Lefur)......................... 1.
Ringleader, âgé, 68 k. (J. Cassidy)...... 2.
Battle, âgée, 68 k. (T. Smith)........... 0.
Paddy. âgé, 65 k. (Hockerill)........... 0.

Paris : 5/4 pour Surprise, 5/2 contre Ringleader, 4/1 contre Paddy et 6/1 contre Battle. Gagné très-facilement.

PRIX DE MARNES. 1,475 fr.; au 2ᵉ 175 fr.; pour tous chevaux n'ayant jamais gagné un steeple chase de 1 000 fr. (excepté à La Marche en 1861). 3,000 m.

Gisors, par Elthiron ou Falstaff, 4 ans, 59 k.
(J. Cassidy)............................. 1.
Bièvre, 5 ans, 68 k. (T. Smith)......... 2.
Pyrrhus-the-Second, âgé, 70 k. (Mundy). 0.
Derby, âgé, 69 k. (C. Planner).......... 0.
Havelock, âgé, 61 k. (G. Cunnington)... 0.
Minouche, 5 ans, 59 k. (W. Weston).... 0.
Topsy, 4 ans, 59 k. (T. Clay).......... 0.

Paris : 2/1 contre Bièvre, 3/1 contre Gisors, 4/1 contre Pyrrhus-the-Second et 6/1 contre Minouche. Gagné facilement. Topsy, Havelock et Minouche sont tombés à la rivière. Pyrrhus a été arrêté sur la fin du parcours. Derby est tombé mort presque au début de la course, atteint d'un coup de sang.

PRIX DE L'AVENIR. 1,175 fr.; au 2ᵉ 250 fr.; pour tous chevaux n'ayant jamais gagné un esteeple-chase ou une course de haies (excepté éà La Marche en 1861). 3,600 m.

ƆGisors, par Elthiron ou Falstaff, 4 ans, 55 k.
    (a porté 58), (J. Cassidy)............. 1.
ſTrustworthy, 5 ans, 59 k. (W. Weston).. 2.
ſTopsy, 4 ans, 55 k. (T. Clay).......... 3.
ꓧRose-de-Noël, âgée, 61 k. (W. Boldrick). 0.
ꓧBen-Leil, 5 ans, 68 k. (R. Agates)....... 0.
ſVestra, 5 ans, 59 k. (G. Cunnington).... 0.
ƆChasseur, 5 ans, 59 k. (G. Abray)....... 0.

    Paris : 2/1 contre Ben-Leil, 3/1 contre Gisors ϶et 6,1 chaque contr Chasseur et Topsy. Ben-ⅼLeil, Rose-de-Noël, Vestra et Chasseur sont ꓩtombés. Les Jockeys de Gisors, Trustworthy et ϶de Topsy qui s'étaient trompés de parcours, ϽHEN dépassé le but dans l'ordre indiqué mais, ϶avertis aussitôt de leur erreur, ils ont repris la ϶course. Gagné de deux longueurs.

Dimanche 7 avril.

PRIX DU CHATEAU. 3.600 fr.; au 2ᵉ 100 fr.; ⅼpour tous chevaux n'ayant jamais gagné un ϵsteeple-chase de la valeur de 4,000 fr. 4,000 m.

Ͻ Gisors, par Elthiron ou Falstaff, 4 ans, 65 k.
    (J. Cassidy) .... 1.
ⅼ Pacha, âgé, 71 k. (le propriétaire)...... 2.
ſ Windsor, âgé, 71 k. (J. Hazel'. .... 3.
ⅼ Pyrrhus-the-Second, âgé, 68 k. (Mundy). 0.
ⅼ Paddy, âgé, 71 k. (Hockerill)........... 0.
ⅼ Miss-Harkaway, âgée, 60 k. (T. Smith).. 0.

Minouche, 5 ans, 58 k. (W. Weston).... 0.
Topsy, 4 ans, 54 k. (T. Clay)........... 0.

Paris : 5/4 contre Gisors, 4/1 contre Pyrrhus-the-Second 5/1 chaque contre Topsy et Windsor, 6/1 chaque contre Pacha et Paddy et 8/1 contre Miss-Harkaway. Gagné facilement. Les chevaux (non placés) n'ont point fourni le parcours en entier. Paddy s'est tué en tombant à la banquette irlandaise.

PRIX DE CONSOLATION. 1,175 fr.; au 2e 175 fr.; pour tous chevaux n'ayant jamais gagné un steeple-chase de 2,000 fr. 3,000 m.
Gisors, 4 ans, 69 k. (J. Cassidy)........ 1.
Pyrrhus-the-Second, âgé, 71 k. (Mundy). 2.
Vestra, 5 ans, 63 k. (G. Cunnington).... 0.
Minouche, 5 ans, 63 k. (Jones)......... 0.
Trustworthy, 5 ans, 63 k. (W. Weston). 0.
Topsy, 4 ans, 59 k. (T. Smith)........ 0.

Paris : 2/1 pour Gisors, 3/1 contre Pyrrhus et 5/1 contre Trustworthy. Gagné très-facilement. Vestra, Minouche, Topsy et Trustworthy n'ont pas complété le parcours.

POULE DE HACKS (*Gentlemen-riders*). 1,150 fr.; au 2e 50 fr.; pour tous chevaux de 3 ans et au-dessus. 1,600 m. (course plate).

Passiflore, par Assault, 3 ans (6,000 fr.), 65 k. (M. le duc de Caderousse-Gramont) .... 1.
Recouvrance, 4 ans (4,000 fr.), 70 k. (M. H. A. Blount)................................ 2.

biobinson, 4 ans (4,000 fr.), 70 k. (M. de
  Lignières)................................. 3.
  Paris : 6/4 pour Passiflore. Gagné d'une en-
oolure.

PAU

Dimanche 7 avril.

STEEPLE-CHASE. 1,100 fr.; au 2ᵉ, 100 fr.; pour
ous chevaux de 4 ans et au-dessus. 3,500 m.
Pollux, par Napier, âgé, 71 k. (Berwick). 1.
Wasp, 4 ans, 65 k. (le prop.)......... 2.
Paulette, 71 k. (le prop.).............. 3.
Paddy-Boy, âgé, 72 k. 1/2.... .... 0.
  Gagné très-facilement. Paddy-Boy s'est dé-
robé, puis il est tombé.

PRIX DU CHEMIN DE FER. 1150 fr.; au 2ᵉ,
100 fr.; pour tous chevaux. 3,500 m.
Octava, par Loto, âgée, 65 k. (M. Lawson). 1.
Pollux, âgé, 71 k. (Berwick)........... 2.
Pollette, âgée, 68 k. (le propriétaire)..... 0.

Mardi 9 Avril.

STEEPLE-CHASE. 1,600 fr.; au 2ᵉ, 100 fr.; pour
chevaux de 4 ans et au-dessus. 3,500 m.

Wasp, par Sting, 4 ans, 65 k. (Prunet)..   1.
Traveller, âgé, 71 k. (M. Power.).......   2.
   Battant : Little-Harry, Paulette, Pollux.
Gagné facilement. Pollux est tombé.

Vendredi 12 avril.

STEEPLE-CHASE. Pari particulier, 500 fr. chaque 3,500 m.

Paddy-Boy, âgé, 72 k 1/2.............   1.
Sans-façon ....   0.
   Le vainqueur s'est dérobé et est tombé plusieurs fois. Son concurrent s'est dérobé au troisième obstacle et a jeté son jockey.

Samedi 13 avril.

STEEPLE-CHASE. Pari particulier, 5,000 fr. chaque. 3,500 m.

Wasp, par Sting, 4 ans, 65 k. (M. Lawson)   1.
Pollux, 71 k. (Berwick)..............   2.

Mardi 16 avril.

STEEPLE-CHASE. 950 fr.; au 2e, 150 fr. 5,000 m.

Paulette (agée).....................   1.
Caroline ....   2.
   Little-Harry et Paddy-Boy ont été arrêtés.

HANDICAP. 100 fr. chaque; 1,600 m. en partie liée. (Course plate.)

Octava, par Loto, âgée, 69 k.
(M. Borda)...................　2. 1. 1.
Sans-Façon, âgé, 71 k. 1/2
(M. Lawson)..................　1. » »

Wasp, Coquette, Lady-Bird et Jéricho ont été retirés après la première épreuve que Sans-Façon a gagnée d'une longueur; mais étant tombé boiteux, Octava a couru seule les deux autres manches.

STEEPLE-CHASE. (*Gentlemen-riders*). 600 fr. au 2e 25 fr.; 3,500 m.

Nina, 76 k. (le propriétaire)............　1.
Kathleen, 63 k.(le propriétaire).........　2.

N'ont pas complété le parcours : Isabelle, Corette et Lady-Bird.

ROUEN

Jeudi 23 mai.

PRIX DU DÉPARTEMENT, 6,000 fr.; pour tous chevaux de 4 ans et au-dessus. 5,000 m.

The Huntsman, par Tupsley, âgé, 75 kil.
(H. Lamplugh).................　1.
Ringleader, âgé, 75 kil. (R. Agates)....　2.
Trembleur, âgé, 75 kil. (Mundy)........　3.
Mucca, âgé, 75 kil. (Holmes)...........　0.
Pachá, âgé, 76 kil. (le propriétaire)......　0.

Gagné d'une encolure. Mauvais 3e, Pacha arrêté au début de la course, par suite de la rupture d'une de ses étrivières.

—

MARSEILLE

Samedi 25 mai.

GRAND HANDICAP. 9,600 fr.; au 2e 1,100 fr.; pour tous chevaux. 4,500 m.

Surprise, par The-Prime-Warden, âgée, 68 k. (L Lefur)...................	1.
Franc-Picard, âgé, 75 k. (C. Planner)...	2.
Laudanum, âgé, 63 k. (le propriétaire)...	3.
The-Colonel, âgé, 76 k. (H. Lamplugh)...	0.
Bièvre, 5 ans, 64 k. (M. le capit. Hunt)..	0.
Gisors, 4 ans, 63 k. (Hockerill).........	0.

Gagné très-facilement. Bièvre a été arrêté. Gisors a jeté son jockey. The-Colonel est tombé.

PRIX DE L'UNION (*Gentlemen-riders*). Un objet d'art et 100 fr.; pour tous chevaux. 3,000 m.

Harry, âgé, 70 k. (le propriétaire)........	1..
Wasp, 4 ans, 70 k. (le propriétaire)......	0..

Wasp après s'être dérobé au premier obstacle, est tombé au sixième, et a été définitivement arrêté devant le septième.

AURILLAC

Mardi 4 juin.

STEEPLE-CHASE. 400 fr.; au 2ᵉ, 100 fr.; pour chevaux de demi-sang, de la circonscription du dépôt d'Aurillac. 3,000 m.

Triste Mine, âgée, 71 k. (R. Wright) .. 1.
Game-Chicker, âgée, 65 k. (le prop.).... 2.

PRIX DE CONSOLATION. 100 fr.; au 2ᵉ, 10 fr.; pour chevaux de demi-sang du Cantal, 1,500 m. (course plate).

Nuncia, 3 ans, par Nuncio (Antoine).... 1.
Battant facilement trois concurrents.

—

MONTAUBAN

Dimanche 16 Juin.

STEEPLE-CHASE (*Gentlemen-riders*). 950 fr.; au 2ᵉ 50 fr.; pour chevaux de 4 ans et au-dessus. 4,000 m.

Pollux, par Napier, âgé, 79 k. (M. A. Bessey) 1.
Octava, âgée, 74 k. (M. Power).... .... 2.
Gagné facilement.

Lundi 17 juin.

PARI PARTICULIER.
Octava................................. 1.
Pollux................................. 2.
Gagné facilement.

CORLAY

Lundi 17 juin.

STEEPLE-CHASE. 600 fr.; au 2ᵉ, 300 fr. au 3ᵉ, 100 fr.; pour chevaux de demi-sang, de 4 à 7 ans, de l'Ouest. 4,500 m.

Caprice, par Féréol, 74 k. (Hardy)........ 1.
Longpré, 5 ans, 77 k. (Carré)............ 2.
Carhaix, âgé, 77 kil. (Ruchon)......... 3.

—

LA MARCHE

Réunion d'Été.

Dimanche 23 juin.

GRAND STEEPLE-CHASE MILITAIRE. 6,600 fr.; au 2ᵉ 200 fr.; pour tous chevaux de 4 ans et au-dessus. 6,000 m.

The-Colonel, par Cato, âgé, 83 k. (M. le capitaine Hunt) .... 1.
Franc-Picard, âgé, 80 k. (M. le lieutenant Roques) .... 2.
Waterwitch, âgé, 75 k. (le propriétaire). 3.
Ringleader, âgé, 78 k. (M. A. Voisin)... 0.
Gisors, 4 ans, 78 k. (M. le duc de Cade-rousse) .... 0.
Pacha, âgé. 75 k. (le propriétaire)...... 0.

Charlatan, 4 ans, 70 k. (par M. le vicomte
   de Saint-Sauveur)................... 0.
Grey-Peter, âgé, 78 k. (M. le capitaine
   Edwards).......................... 0.
N...., âgé, 75 k. (le cap. Crymes)..... 0.

Gagné facilement. Grey-Peter, N... et Ringleader sont tombés. Gisors, Pacha et Charlatan ont été arrêtés.

PRIX D'ÉTÉ. 1,350 fr.; au 2ᵉ, 50 fr.; pour tous chevaux de 4 ans et au-dessus. 3,000 m.

Glen-Eagle, par Sir-Tatton-Sykes, âgé,
   75 k. (M. le capitaine Hunt)......... 1.
Robinson, 4 ans, 68 k. (T. Smith)....... 2.
Casse-Cou, âgé, 75 k. (H. Lamplugh).... 0.
Grey-Peter, âgé, 75 k. (Land)........ dist.

Grey-Peter, qui était arrivé facilement le premier, a été déclaré *distancé* pour n'avoir pas suivi exactement le parcours.

———

TOULOUSE

Jeudi 4 juillet.

STEEPLE-CHASE. 2,050 fr.; au 2ᵉ 25 fr.; pour chevaux de demi-sang. 4,500 m.

Octava, âgée, par Loto, 72 kil. 1/2...... 1.
Paulette, âgée, 72 kil. 1/2............. 2.
Pollux, âgé, 78 kil..................... 0.

SAINT-OMER

7 *juillet.*

STEEPLE-CHASE. 2,000 fr.; au 2ᵉ, 150 f.; pour tous chevaux, 5,000 m.

Casse-Cou, par The Dean, âgé, 74 k. (H. Lamplugh).......................... 1.
Grey-Peter, âgé, 78 k. (C. Boyce)....... 2.
Trembleur, âgé, 72 k. (C. Plaoner)...... 0.
Naughty-Boy, âgé, 74 k. (J. Cassidy)..... 0.

Gagné facilement.

—

SAINT-BRIEUC

Mardi 16 *juillet.*

PRIX DE LA VILLE. 590 fr.; au 2ᵉ, 150 fr.; pour tous chevaux de l'Ouest (p. s. exclu) 2,000 m.

Gentil-Bernard, par Velox, 5 ans, 66 k. (Daniel)............................. 1.
Longpré, 5 ans, 66 k. (Boloré)......... 2.
Brusher, 5 ans, 66 k. (Makepeace)...... 3.

Battant, Caprice, Numa et Basilic.

AMIENS

Dimanche 21 juillet.

STEEPLE-CHASE. 2,880 fr.; au 2ᵉ 1,200 fr.; pour tous chevaux. 3,200 m.

Polygone, par Caravan, âgé, 75 k., (R. Agates)......................... 1.
Braconnier, âgé, 75 k. (T. Smith)...... 2.
Naughty-Boy, âgé, 75 k., (M. du Bourg) 3.
Casse-Cou, âgé, 80 k. (M. le capit. Hunt). 0.
Trembleur, âgé, 78 k. (H. Lamplugh) ... 0.
Harry, âgé, 75 k. (le propriétaire)...... 0.
Gisors, 4 ans, 75 k. (J. Cassidy)........ 0.
Governor, âgé, 75 k. (M. L. de Saint-Germain)....................... 0.
Waterwitch, âgée, 75 k. (le propriétaire). 0.
Revoke, 5 ans, 75 k. (T. Clay)......... 0.

Paris : 3/1 chaque contre Polygone, Trembleur et Casse-Cou; 5/1 contre Braconnier, et 6/1 chaque contre Gisors et Naughty-Boy. Gagné de deux longueurs. Waterwitch, Naughty-Boy, Revoke sont tombés. Governor a été arrêté.

MONT-DE-MARSAN

Samedi 20 *juillet.*

STEEPLE-CHASE (*Gentlemen-riders*). 975 fr.; au 2e 100 fr.; pour chevaux de demi-sang de 4 ans et au-dessus, des circonscriptions de Pau, Tarbes et Villeneuve. 3,500 m.

Octava, par Loto, âgée, 76 k. (M. Power) 1.
Paulette, âgée, 74 k. (M. L. Borda).... 2.
Pollux s'est dérobé, Trombalcazar est tombé, et Francboisy a été arrêté.
Gagné facilement.

Mardi 23 *juillet.*

SEEPLE-CHASE. 1,150 fr., au 2e 100 fr.; pour tous chevaux. 3,500 m., 12 obstacles.

Octava, par Loto, âgée, 65 k. (M. Power) 1.
Pollux, âgé, 71 k. (Berwick)........... 2.
Follette, âgée, 68 k. (le prop.),......... 0.

PRIX DES LANDES. 750 fr.; au 2e, 50 fr.; pour tous chevaux du département. 2,100 m. (course plate).

Cadette, âgée (le propriétaire).......... 1.
Favori, âgé (H. Paul)....... .... 2.
Battant deux autres concurrents.

LAMBALLE

22 juillet.

STEEPLE-CHASE. 600 fr.; au 2ᵉ, 300 fr.; au 3ᵉ, 100 fr.; pour chevaux de demi-sang de 4 à 7 ans des circonscriptions de Lamballe et d'Henne-bont.

Numa, 4 ans, 60 k. (Flamand) .... 1.
Caprice, âgé, 70 k. (Daniel) .... 2.
Battant Longpré et Williette.

—

VANNES

Lundi 22 juillet.

STEEPLE-CHASE. 500 fr.; au 2ᵉ 300 fr.; au 3ᵉ 200 fr.; pour chevaux de demi-sang. 1,500 m.

Gentil-Bernard, 6 ans, 72 k. (D. Edwards) 1.
Brusher, 5 ans, 66 k. (G. Makepeace)... 2.
Miss-Ariel, 6 ans........................ 2.
Battant Don-Juan et Casse-Cou.
Gagné de deux longueurs.

—

RENNES

Dimanche 28 juillet.

STEEPLE-CHASE. 800 fr.; au 2ᵉ, 200 fr.; pour chevaux de demi-sang, de l'Ouest, 2,800 m.

Brusher, par Castor, 5 ans, 66 k. (G. Makepeace) .... 1.

Basilic, âgé, 72 k. (J. Cassidy) .... 2.

Battant Gentil-Bernard, Don-Juan et Numa. Gagné facilement. D. Edwards, qui montait Gentil-Bernard, est tombé à l'un des derniers obstacles. Il est mort, le lendemain, des suites de cette chute.

Mardi 30 juillet.

STEEPLE-CHASE. 2,100 fr.; au 2ᵉ, 100 fr ; pour chevaux de demi-sang de 4 ans et au-dessus. 4.800 m.

Basilic, par Cataract, 6 ans, 75 k. (J. Cassidy) .... 1.

Miss-Ariel. 6 ans, 75 k. .... 2.

Brusher, 5 ans, 75 k. .... 0.

Yucca, âgé, 75 k. .... 0.

Yucca s'est dérobé au troisième obstacle et Brusher est tombé au quatrième.

LE PIN

Dimanche 4 août.

GRAND STEEPLE-CHASE. 11,500 fr.; au 2ᵉ,
1,500 fr.; pour tous chevaux. 6,000 m.

Franc-Picard, âgé, 80 k. (M. le capitaine
  Hunt).................... .... 1.
Pacha, âgé, 75 k. (le propriétaire)...... 2.
Miss-Harkaway, âgée, 75 k. (le proprié-
  taire)................... ... 3.
Trembleur, âgé, 78 k. (M. le lieutenant
  Roques)............ .... 0.
Governor, âgé, 77 k. (M. L. de Saint-
  Germain)................... ... 0.
Y.-Ionian, 4 ans, 75 k. (M. du Bourg) . 0.
Waterwitch, âgée, 77 k. (le propriétaire). 0.
Naughty-Boy, âgé, 77 k. (le propriétaire).. 0.
Gagné d'une demi-longueur.

—

VALENCIENNES

Lundi 5 août.

GRAND STEEPLE-CHASE. 6,375 fr.; au 2ᵉ,
375 fr.: pour tous chevaux. 5,000 m.

The-Colonel, âgé, 80 k. (H. Lamplugh).. 1.
Ringleader, âgé, 75 k. (J. Cassidy)..... 2.
Gagné de deux longueurs.

—

NANTES

Dimanche 4 août.

STEEPLE-CHASE. 560 fr. pour chevaux de demi-sang, de 4 à 7 ans, de l'Ouest. 4,000 m.
Miss-Ariel, par Sprightly, 6 ans, 72 k.
(Toussaint) .... 1.
Lingot-d'Or, 4 ans (Gergaud)........... 0.
Lingot-d'Or s'est dérobé au cinquième obstacle et n'a pas été plus loin.

Mardi 6 août.

STEEPLE-CHASE. 2,150 fr.; au 2e 150 fr.: pour chevaux de demi-sang de 4 ans et au-dessus. 4,000 m.
Basilic, par Cataract, 6 ans, 75 k., (W.
Boldrick)............................. 1.
Pollux, âgé, 77 k. (Berwick)........... 2.
Yucca, âgé, 77 k. (Holmes)............. 3.
Miss-Ariel, 6 ans, 75 k. 1/2 (Mundy).... 0.
Don-Juan, 6 ans, 75 k. (William)....... 0.
Pollux et Yucca ont atteint le but longtemps après le vainqueur. Don-Juan n'a pas complété le parcours. Miss-Ariel est tombée au dixième obstacle.

ABBEVILLE

Dimanche 11 août

STEEPLE-CHASE DE LA VILLE. 3,300 fr. pour tous chevaux. 5,000 m.

Casse-Cou, âgé, 72 k. (H. Lamplugh)... 1.
Braconnier, âgé, 72 k. (T. Clay)....... 0.

Casse-Cou est tombé deux fois; mais il a néanmoins fourni le parcours. Braconnier a refusé de passer la rivière.

STEEPLE-CHASE DU GOUVERNEMENT. 1,500 fr.; au 2e, 150 fr.; pour tous chevaux. 3,600 m.

Jean-du-Quesne, âgé, 76 k. (H. Lam-
plugh)............................... 1.
Braconnier, âgé, 76 k. (M. le baron de
Luttwitz)............................ 0.

Braconnier arrêté au septième obstacle.

—

SAUMUR

Dimanche 11 août.

STEEPLE-CHASE (*Gentlemen-riders*). 3,450 fr.; au 2e 100 fr.; pour tous chevaux. 4,000 m.,

Pacha, par Ion, âgé, 70 k. (le propriétaire)................................ 1.

Trembleur, âgé, 82 k. (M. le capitaine Hunt)................................... 2.

Auricula, 4 ans, 68 k. 1/2 (M. du Bourg). 3.

Brusher, 5 ans, 65 k. (M. le comte de Saint-Sauveur)........................ 0.

Y.-Jonian, 4 ans, 68 k. 1/2 (M. L. de Saint-Germain)....................... 0.

Robinson, 4 ans, 63 k. (a porté 66 k.) (M. le vicomte de Saint-Roman)...... 0.

Yucca, âgé, 70 k. (a porté 72 k.) (le propriétaire)........................ 0.

Harry, âgé, 78 k. (le propriétaire)...... 0.

Gagné d'une longueur ; une demi-longueur entre le second et le troisième. Aucun autre cheval n'a complété le parcours.

Mardi 13 août.

GRAND STEEPLE-CHASE (*Gentlemen-riders*). 6,400 fr.; au 2ᵉ 1,400 fr.; pour tous chevaux de 4 ans et au-dessus.

Trembleur, par Y.-Emilius, âgé, 78 k. (a porté 80 k.) (M. le lieutenant Roques)................................. 1.

Franc-Picard, âgé, 80 k. (M. le capitaine Hunt).................................. 2.

Harry, âgé, 75 k. (le propriétaire)...... 3.

Brusher, 5 ans, 75 k. (M. L. de Saint-Germain. .... 4.

Charlatan, 4 ans, 75 k. (M. le comte de Saint-Sauveur)....................... 0.

Yucca, âgé, 80 k. (le propriétaire)...... 0.

Naughty-Boy, âgé, 75 k. (M. du Bourg).. 0.

GUÉRANDE

Dimanche, 11 août.

PRIX DES HARAS. 500 fr.; pour chevaux de demi-sang, de 3 ans et au-dessus, nés et élevés en Bretagne. 2,500 m.
Carhaix, âgé, 69 k...................... 1.
Malakoff, 4 ans, 62 k............ ...... 2.
Henriette, 3 ans, 54 k .... 4.

PRIX DU DÉPARTEMENT (*Gentlemen-Riders*). 800 fr.; pour chevaux de demi-sang de 3, 4 et 5 ans, de l'arr. de Savenay. 2,000 m.
Margarette, 4 ans..................... 1.
Pied-de-Chêne, 4 ans.................. 2.
W....., p^c b. b., 4 ans............... 3.

COURSE DE HAIES. Un équipage de course pour chevaux de demi-sang de 4 à 7 ans, de l'Ouest. 2,800 m.
Lingot-d'Or, 4 ans, 61 k............... 1.
Pied-de-Chêne, 4 ans, 62 k........... 2.
Cornichon, âgé, 74 k.................. 3.

PRIX DE LA VILLE. 420 fr.; pour tous chevaux (pur sang exclu). 2,000 m. en partie liée.
Carhaix, âgé, 69 k.................... 1.
Malakoff, 4 ans, 66 k................ 2.

STEEPLE-CHASE. 500 fr.; pour tous chevaux à l'exception des chevaux tracés.
Cornichon, âgé, 70 k. (M. E. Pilon), a couru seul.

AVRANCHES

Samedi 17 août.

STEEPLE-CHASE, 3,150 fr.; au 2ᵉ 150 fr.; pour tous chevaux n'ayant jamais gagné en steeple-chases une somme de 10,000 fr. 5,000 m.
Trembleur, par Y.-Emilius, âgé, 79 k.
  (M. le capitaine Hunti)............... 1.
Goldfinder, ch. al., âgé, 75 k. (Welsh).. 2.
Waterwitch, jt b., âgée, 75 k. (Make-
  peace)............................... 3.
Gagné facilement.

STEEPLE-CHASE. 450 fr.; au 2ᵉ 50 fr.; pour tous chevaux de l'Ouest et de la Circonscription normande. 3,000 m.
Brusher, par Castor, 5 ans, 64 k. (Make-
  peace)................................ 1.
Witch, 4 ans, 60 k. (P. Pirée).......... 2.

—

DIEPPE

Dimanche 18 août.

GRAND HANDICAP. 11,500 fr.; au 2ᵉ 300 fr.; au 3ᵉ 100 fr.; pour tous chevaux. 4,500 m.
Franc-Picard, âgé, 75 k. (H. Lamplugh). 1.
Waterloo, âgé, 65 k. (M. Lington)...... 2.

The-Premier, âgé, 62 k. 1/2 (T. Donald-
son)..................................   3.
Surprise, âgée, 74 k. (L. Lefur)........   4.
Ringleader, âgé, 71 k. (R. Cassidy)....   0.
Doubtful, âgé, 66 k. (M. Thomas)......   0.
Grey-Peter, âgé, 65 k. 1/2 (C. Boyce)...   0.
Gisors, 4 ans, 64 k. (T. Clay)..........   0.
Naughty-Boy, âgé, 61 k. (J. Cassidy)..   0.
Braconnier, âgé, 61 k. (C. Planner).....   0.
Repeal, âgé, 58 k. (Nightingal)........   0.
Miss-Harkaway, âgée, 55 k. (Holmes)...   0.

Paris : 5/2 contre Doubtful, 3/1 contre
Franc-Picard, 5/1 chaque contre The-Premier
et Surprise, et 8/1 contre Grey-Peter. Gagné
facilement; deux longueurs entre le second et
le troisième; même distance entre ce dernier
et le quatrième. Gisors, Miss-Harkaway et
Doubtful sont tombés. Naughty-Boy, Braconnier, Ringleader et Grey-Peter ont été arrêtés. Repeal s'est cassé la jambe. Le vainqueur est tombé *broke down*, il s'était estropié
à 500 m. environ du but.

PRIX A RÉCLAMER. 3,050 fr.; au 2ᵉ 250 fr.;
pour tous chevaux. 3,000 m.

Casse-Cou, âgé (6,000 fr.), 65 k. (H. Lam-
plugh)..................................   1.
Grey-Peter, âgé (4,000 fr.), 63 k. (C.
Boyce).................................   2.
Naughty-Boy, âgé (8,000 fr.), 66 k. (J.
Cassidy)...............................   0.

Jean-du-Quesne, âgé (4,000 fr.), 63 k.
 (C. Planner)....................................... 0..
 Gagné très-facilement. Jean-du-Quesne arrêté.

PRIX DE CONSOLATION. 1,900 fr.; au 2e 100 fr.;
pour chevaux n'ayant pas gagné. 3,000 m.
Grey-Peter, âgé, 65 k. (C. Boyce)...... 1.
Ringleader, âgé, 65 k. (J. Cassidy)..... 2.
Miss-Harkaway, âgée, 65 k. (Holmes)... 3.
 Gagné facilement.

—

LE MANS

Dimanche 18 *août.*

PRIX DU CHEMIN DE FER. 500 fr. pour chevaux
de demi-sang. 2,800 m.

Basilic, par Cataract, 6 ans, 82 k. (W.
 Boldrick)............................... 1.
Miss-Ariel, 6 ans........................ 0.
Fiammina, 4 ans......................... 0.
 Gagné très-facilement. Fiammina et Miss-
Ariel arrêtées avant la fin du parcours.

PRIX DES HUNAUDIÈRES (*Gentlemen-riders*)..
1,000 fr. pour chevaux de 4 ans et au-dessus:
3,500 m.

Bas-Bleu, 6 ans, par The-Prime-Warden, 76 k..
 (M. le vicomte de Cossette)........... 1..

Miss-Ariel, 6 ans, 73 k. (M. le comte de
   Saint-Sauveur)............ ....   2.
Robinson, 4 ans, 70 k. (M. le baron de
   Luttwitz)........................... ...   0.
   Gagné facilement. Robinson n'a pas com-
plété le parcours.

—

NANTES
Courses municipales.
Dimanche 25 août.

STEEPLE-CHASE (*Gentlemen-riders*). 975 fr.;
au 2e, 25 fr.; pour chevaux de demi-sang.
4,000 m.

Brusher, par Cataract, 6 ans, 72 k. 1/2
   (M. L. de Saint-Germain)............   1.
Miss-Ariel, 6 ans, 72 k. 1/2 (M. E. Pilon).   2.

GRAND STEEPLE-CHASE. 9,800 fr.; au 2e,
1,600 fr.; pour tous chevaux de 4 ans et au-
dessus. 5,000 m.

The-Colonel, par Cato, âgé, 83 k. (H.
   Lamplugh).......................... ...   1.
Oread-Not, âgé, 75 k. (William)........   2.
Trembleur, âgé, 77 k. (M. le capitaine
   Hunt)............................... ...   0.
Gisors, 4 ans, 63 k. (J. Cassidy)........   0.
Auricula, 4 ans, 60 k. (Holmes)........   0.
The-Colonel seul a fourni le parcours en entier.

BLOIS

Mardi 27 août.

STEEPLE-CHASE (*Gentlemen-riders*). 950 fr.;
au 2ᵉ 175 fr.; pour tous chevaux de 4 ans et
au-dessus, 3,000 m.

Polygone, par Caravan. âgé, 78 k. (M. L.
de Saint-Germain).................... 1.
Braconnier, âgé, 78 k. (M. le baron de
Luttwitz) .... 2.
Harry, âgé, 78 k. (le propriétaire)..... 3.
Gagné facilement.

SAINT-DENIS-LEZ-BLOIS

Mercredi 28 août.

STEEPLE-CHASE (*Gentlemen-riders*). (266 fr.
66 c. à chaque concurrent); pour chevaux de
4 ans et au-dessus. 3,000 m.

Polygone, par Caravan, âgé, 76 k. (M. L.
de Saint-Germain)....... .... 1.
Pacha, âgé, 76 k. (le propriétaire)...... 2.
Janvier, 4 ans, 76 k. (E. Hardy)....... 3.

Le parcours n'ayant pas été exactement
suivi par les trois concurrents, ceux-ci se
trouvaient de droit distancés, et la course par
conséquent annulée. Néanmoins, l'administra-
tion des Eaux de Saint-Denis ne voulant pas
profiter de l'erreur commise, le prix a été par-
tagé par tiers entre les concurrents.

LAON

Dimanche 1ᵉʳ septembre.

STEEPLE-CHASE (*Gentlemen-riders*). 950 fr.;
au 2ᵉ 400 fr.; pour chevaux n'ayant pas été
dans une écurie d'entraînement depuis le
1ᵉʳ mai. Poids libre. 2,000 m.

Pacha, par Ion, âgé (M. le comte de Saint-
    Sauveur)........................... 1.
Windsor, âgé (le propriétaire).......... 2.
Topsy, 4 ans (M. H. A. Blount)......... 0.
Trustworthy, 5 ans.................... 0.

    Gagné facilement. Les cavaliers de Topsy
et de Trustworthy se sont trompés de parcours vers le milieu de la course.

—

BASSEVILLE (COULANGES)

15 septembre.

PRIX DES SOUSCRIPTEURS (*Handicap*). 2,000 fr.;
pour tous chevaux. 6,000 m.
Trembleur, âgé..................... 1.
Weathercock, âgé................... 2.

PRIX DE LA VILLE DE CLAMECY. 1,000 fr.; pour
tous chevaux nés et élevés en France. 4,500 m.
Pacha, âgé (le propriétaire)........... 1.

Surprise, âgée (L. Lefur)................ 2.

PRIX DE SAINT-HUBERT. (*Gentlemen-riders*). 800 fr.; pour chevaux de chasse. 4,000 m. Fine-Lame a couru seule.

———

CRAON

Dimanche 15 septembre.

STEEPLE-CHASE. 780 fr.; au 2° 260 fr.; pour chevaux de demi-sang de 4 à 7 ans, de l'Ouest. 3,500 m.

Basilic, par Cataract, 6 ans, 82 k. (J. Cassidy).................................. 1.
Miss-Ariel, 6 ans, 72 k. (W. Hardy).... 2.
Brusher, 5 ans, 69 k. (Makepeace)...... 1.
Longpré, 5 ans, 66 k. (Boloré)......... 0.
Gagné très-facilement.

PRIX DE LA VILLE. 3,300 fr.; au 2° 200 fr. 3,800 m.

Ringleader, par Intrépid, âgé, 71 k. (J. Cassidy)................................ 1.
Trente-et-Quarante, ex-Waterloo, 74 k. (J. Moss) .... 2.
Polygone, âgé, 74 k. (R. Agates)....... 3.
Basilic, 6 ans, 70 k. (W. Boldrick).... 0.
Dread-Not, âgé, 74 k. (Auguste)........ 0.
Miss-Ariel, 6 ans, 66 k. (W. Hardy).... 0.
Gagné facilement. Basilic est tombé au 16° obstacle, Dread-Not et Miss-Ariel n'ont pas complété le parcours.

MANTES

Jeudi 3 octobre.

STEEPLE-CHASE. 500 fr.; pour chevaux de
chasse. 3,200 m.

Nancy, âgée, 70 k. (le propriétaire).... 1.
Windsor, âgé, 70 k. (le propriétaire)... 0.
Graciosa, ex-Topsy, 4 ans, 70 k. (le pro-
    priétaire)..............................dist.
Chasseur, 5 ans, 80 k. (M. de Saint-Ger-
    main)........................ ....dist.

Chasseur a dépassé Graciosa au dernier
tournant et a atteint le but avec une avance
de deux longueurs sur la pouliche, mais
n'ayant pas sauté l'avant-dernier obstacle,
ces deux chevaux ont été déclarés distancés,
et Nancy, qui depuis longtemps avait aban-
donné la lutte, a achevé le parcours au petit
galop. Windsor avait jeté son cavalier au
premier obstacle.

STEEPLE-CHASE. 1,850 fr.; au 2ᵉ 150 fr.; pour
tous chevaux de 4 ans et au-dessus. 4,000 m.

Auricula, par The-Baron, 4 ans, 70 k.
    (M. L. de Saint-Germain)............. 1.
Harry, âgé, 79 k. (le propriétaire)...... 2.
Robinson, 4 ans, 76 k. (M. le baron de
    Luttwitz)............................. 0.

Gagné très-facilement. Robinson arrêté. Le
vainqueur a été réclamé par son propriétaire
pour 6,025 fr.

TOURS

Jeudi 10 octobre.

HANDICAP. 1,200 fr.; au 2ᵉ 100 fr.; pour tous chevaux. 4,000 m.

Graciosa , ex-Topsy, par Father-Thames, 4 ans, 65 k. (le propriétaire). . . . . 1.
Harry, âgé, 70 k. (le propriétaire). . . . . 2.
Ringleader, âgé, 75 k. (M. le cap. Hunt). 0.
Trente-et-Quarante, 6 ans, 70 k. (M. le comte de Louvencourt) . . . . 0.
Auricula, 4 ans, 68 k. (M. L. de Saint-Germain) . . . . 0.

Gagné facilement. Les trois autres chevaux n'ont point achevé le parcours.

CHATEAU DE LA GAUDINIÈRE

Dimanche 13 octobre.

STEEPLE-CHASE (*Gentlemen - riders*). pour chevaux de chasse. 4,000 m.

Anjou, par Pyrrhus-the-First, âgé (le propriétaire). . . . . 1.
Windsor, âgé, (le propriétaire). . . . . 2.
N..., h. b. b., âgé, (M. le comte de Bonneval). . . . . 0.

Retirés : Chasseur et Harry.
Gagné facilement

LA MARCHE

Réunion d'Automne

Dimanche 27 octobre.

PRIX D'AUTOMNE. 2,400 fr.; au 2ᵉ 100 fr. pour tous chevaux. 2,400 m.

Ringleader par Intrépid, âgé, 79 kil. (J. Cassidy) .... 1.
Laudanum, 6 ans, 79 kil. (le propriétaire). 2.
Weathercock, âgé, 75 kil. (Spinks) .... 0.
Surprise, âgée, 75 kil. (L. Lefur) ...... 0.
Auricula, 4 ans, 70 kil. (C. Boyce) ...... 0.

Gagné d'une longueur. Auricula et Surprise se sont dérobés et n'ont pas passé la rivière au second tour. Weathercock est tombé au même obstacle.

PRIX DE LA CLOTURE (*Gentlemen-riders*). 1,100 fr.; au 2ᵉ 50 fr. pour chevaux de 4 ans et au-dessus, n'ayant jamais gagné un steeple-chase de 6,000 fr. 3,000 m.

Pacha, âgé, par Ion, 80 kil. (M. le vicomte A. Talon) .... 1.
Harry, âgé, 75 kil. (le propriétaire) ..... 2.
Griselda, âgé, 72 kil. (le propriétaire) ... 0.

LA MARCHE

Trente-et-Quarante, âgé, 75 k. (le propriétaire). .... 0.
Princesse-de-la-Paix, 5 ans, 75 kil. (M. L.
  de Saint-Germain)........................ 0.

Gagné facilement. Trente-et-Quarante et Princesse sont tombés à la rivière, et Griselda à la sortie du potager.

POULE DE HACKS (*Gentlemen-riders*). 500 fr.; au 2ᵉ 50 fr. pour tous chevaux non entraînés n'ayant jamais gagné. 1.600 m. (Course plate.)
Whisky, âgé, 75 kil. (le propriétaire)... 1.
Miss-Delamere, âgée, 75 kil. (M. L. de
  Saint-Germain)........................ 2.
Victor, 6 ans, 75 kil. (M. le vicomte A.
  de Lauriston)........................ 0.
Gagné très-facilement.

BELGIQUE

SPA

Réunion du Printemps.

(HIPPODROME DE LA SAUVENIÈRE.)

Lundi 17 juin.

PRIX DE BARISART. 975 fr.; au 2ᵉ 200 fr.; pour
chevaux de 3 ans et au-dessus. 1,600 m.
Eclair, par Iago, 3 ans, 45 k. 1/2 (Kitchener) 1.
Avalanche, 3 ans, 45 k. 1/2........ .... 2.
Gœulzin, 4 ans, 59 k................... 3.

PRIX DU POUHON. 2,350 fr.; au 2ᵉ 300 fr. pour
tous chevaux. 3,000 m.
Egmont, par Fitz-Gladiator, 3 ans, (5,000 fr.)
   49 k.......................... .... 1.
Vexin, 4 ans (5,000 fr.) 58 kil........... 2.
Pilote, 3 ans (5,000 fr.), 49 k.......... 3.

PRIX DE LA CASCADE, 1,100 fr.; au 2ᵉ 450 fr.
pour tous chevaux nés et élevés en Belgique
(p. s. excepté). 1,600 m.
Georgina, par Palomo, 3 ans............ 1.
Espoir, 4 ans........................ 2.
Petite-Bière, 3 ans....... .... 3.

PRIX DE LA VILLE. 7,050 fr.; au 2e 300 fr.; pour chevaux de 3 ans nés et élevés sur le continent. 2,500 m.

Compiègne, par Fitz-Gladiator, 53 k. (C. Pratt.)................................... 1.
Hetman, 53 k. (T. Osborne)............. 2.
Agamemnom, 53 k. (Kitchener)........ 3.
    Gagné facilement.

Mardi 18 *juin.*

PRIX DU TONNELET. 2,100 fr.; le 2e 200 fr.; pour chevaux de 3 ans et au-dessus. 1,900 m.
Eclair, par Iago, 3 ans, 48 k. (Kitchener). 1.
Bochet, 3 ans, 52 k. (Chifney)......... 2.
Compiègne, 3 ans, 54 k. (C. Pratt)...... 3.

PRIX DE LA SAUVENIÈRE (*handicap*). 6,150 fr.: au 2e 350 fr. pour chevaux de tout âge, nés sur le continent. 3,300 m.
Angus, par Castor, 3 ans, 48 k. (J. Watkins) 1
Agamemnom, 3 ans, 50 k. 1/2 (Kitchener). 2.
La-Diva, 3 ans, 48 k. (Wicks)......... 3.
Papillote, 5 ans, 58 k. 1/2 (Flatman).... 4.
Avalanche, 3 ans, 50 k.................. 5.

PRIX DE LA GÉRONSTÈRE, 1650 fr.; pour chevaux de 3 ans et au-dessus. 1,600 m.
Gœulzin, par Elthiron, 4 ans, a couru seul.
    Il a été réclamé pour 3,711 fr. par M. le baron O. de Mesnil.

PRIX DE LA GROTTE (*Gentlemen-riders*).

1,700 fr.; au 2e 200 fr.; pour tous chevaux.
1,000 m.

Yorkee, 6 ans, 73 k, 1/2 (M. le capitaine
  Haworth).. 1.
Tersine, 5 ans, 63 k. 1/2 (le propriétaire).   2.
Névrotte, 5 ans, 78 k. 1/2 (M. le prince
  E. de Ligne)................................... 3.
Pilote, 3 ans, 63 k. (M. le duc de Cade-
  rousse).. 4.
  Gagné facilement.
  Les courses de bidets ont été gagnées, l'une
par Lisette, âgée, à M. A. Gérome, battant
trois concurrents ; l'autre par Amitié, 6 ans ;
à M. A. Hérode, battant quatre chevaux.

NAMUR

Lundi 8 juillet.

COURSE D'AMATEURS (*Gentlemen-riders*). 980 f.
pour tous chevaux ayant un an de résidence
en Belgique. 2,100 m.

Griselda, par Palomo, âgé, 79 kil. (le pro-
  priétaire.)..................................... 1.
Bergeronnette, 5 ans, 84 kil. (M. le prince
  E. de Ligne)................................... 2.
Athos, 5 ans, 81 kil. (M. Wheelwright)...   3.
Clown, âgé, 84 kil. (M. Pouillon fils)...... 0.
  Gagné facilement.

COURSE DE HAIES. 980 fr. pour tous chevaux (pur sang excepté). 2,100 m.

Griselda, âgée, 79 kil. (le propriétaire)...   1

Grisette, âgée, 74 kil. (M. le comte d'Alcantara.............................   2.

Gagné très-facilement.

PRIX DE PREMIER CROISEMENT. 800 fr.; au 2e 200 fr. pour chevaux de 3 à 5 ans. 1,600 m.

La-Sambre, 68 kil. (M. Stamfort).......   1.

Sambre-et-Meuse, 54 kil. (M. Stamfort)..   2.

Battant deux autres chevaux.

Gagné de deux longueurs.

PRIX DE NAMUR. 1,300 fr. pour chevaux de 3 à 5 ans de 1er et 2e croisement. 2,100 m.

Georgina, 3 ans, 59 kil. (A. Steele)......   1.

Artaban II, 4 ans, 69 k. (M. Stamfort)....   2.

Gagné d'une encolure.

STEEPLE-CHASE. 1,300 fr. pour chevaux de chasse introduits en Belgique, avant le 1er janvier 1861. 3,200 m.

Mentor, âgé, 75 kil. (le propriétaire)....   1.

Grisette, 75 kil. (M. le prince E. de Ligne)..   2.

Spitfire, âgé, 75 kil. (le propriétaire)....   3.

Mentor, qui était tombé, a rejoint Grisette qui s'était dérobée au dernier obstacle et l'a battue facilement de plusieurs longueurs. Spitfire est tombé plusieurs fois.

GAND

Dimanche, 14 juillet.

PRIX DE LA VILLE. 1,150 fr.; pour tous chevaux de 3 ans et au-dessus, nés sur le continent. 3,200 m.

Propre-à-Rien, par The-Early-Bird. 4 ans,
    62 k. 1/2 (Kitchener)............... 1.
Uambe-d'Argent, 3 ans, 55 k. (C. Pratt). 2.

PRIX DE SECOND CROISEMENT. 950 fr.; pour
chevaux de 3 et 4 ans, nés et élevés en Belgique.
1,600 m. en partie liée.

Georgina, par Palomo, 3 ans, 53 k. 1/2
    (James)........................... 1. 1.
Petite-Bière, 3 ans, (J. Moss)....... 3. 2.
Lia, 4 ans......................... 2. 0.
Brule-Tout........................ 0. 0.

DERBY CONTINENTAL. 6,500 fr.; au 2e 500 fr.
pour chevaux de 3 ans, nés sur le continent.
50 k. 3,200 m.

Palaiseau, par Fantôme, (A. Watkins)... 1.
Royal-Lieu (C. Pratt).................. 2.
Hisber (Spreoty).... .... 3.

PRIX DE LA SOCIÉTÉ *(Gentlemen-riders)*.
700 fr. pour tous chevaux n'ayant pas été en-
gagés dans une course publique depuis le 1er janvier 1861. 1600 m.

Vevrotte, par Loadstone, 5 ans, 68 k. 1/2
    (M. le prince E. de Ligne).............. 1.

Claire, âgée, 68 k. 1/2 (M. J. Ortegat).. 2.
Athos, 5 ans, 70 k. (M. Wheelwright).... 3.
Non placés : Redan, Mentor et Blondinette.

LA POULE. 1,200 fr. pour tous chevaux.
3,200 m.

Pilote, par Ion, 3 ans, 50 k. (C. Pratt).. 1.
Loïska, 3 ans, 49 k. (James)............ 2.
Pyrops, 5 ans, 66 k. (G. Abray)....... dist.
Pyrops, arrivé premier, a été *distancé* pour n'avoir pas porté son poids.

Mardi 16 juillet.

PRIX DE PREMIER CROISEMENT. 700 fr. pour tous chevaux nés et élevés en Belgique. 1,600 m. en partie liée.

Bord-de-l'Eau, par Fantasio, 3 ans, (J.
   Moss)..................... 1. 2. 1.
Pierrot-vit-co, 3 ans (Mackensie). 3. 1. 0.
Consolation, 5 ans (A. Steele).. 2. 3. 0.

SELLING-STAKES. 1,100 fr. pour tous chevaux. 3,200 m.

Pyrops, par Jack-Robinson, 5 ans (1000 f.)
   48 k. (Bundy)...................... 1.
Pilote, 3 ans (1,500 fr.) 47 k. (A. Watkins)........................... 2.
Vévrotte, 5 ans (1,000 fr.) 46 k. 1/2 (Kitchener)........................ 3.

HANDICAP, 2950 fr.; au 2ᵉ 150 fr.; pour tous chevaux. 3,200 m.

Lord-Spleen, par Ionian, 6 ans, 55 k.
  (Chifney)................................ 1.
Euryanthe, 3 ans, 46 k. 1/2 (Kitchener).   2.
Palaiseau, 3 ans, 60 k. (C. Pratt)......   3.
Le-Cèdre, 3 ans, 50 k. (Bundy).........   4.

COURSE DE HAIES. 1,100 fr.; pour tous che-
vaux. 1,800 m.
Gœulzin, par Elthiron, 4 ans, 74 k. (H.
  Ashman)..............................   1.
Bergeronnette, 6 ans, 74 k. 1/2 (Hazel).   2.
Liverpool, âgé, 74 k. 1/2.............   3.

BRUXELLES

Réunion d'Été.

Dimanche, 28 juillet.

PRIX DE L'ESPLANADE. 1,100 fr.; au 2e 100 fr.
pour tous chevaux de 1er croisement, de 3, 4
et 5 ans. 1,600 m.
Cendrillon, par Manfred, 4 ans, 62 k. 1/2
  (Love).............................   1.
Pierrot-vit-co, 3 ans, 54 k. 1/2........   2.
  Battant deux autres concurreuts.

PRIX DU ROI. 3,525 fr.; pour tous chevaux
entiers et juments. Le vainqueur a réclamer
pour 6,000 fr. 2,400 m.
Angelo, par Fitz-Gladiator, 4 ans, 60 k.
  (A. Watkins)..........................   1.

Egmont, 3 ans, 52 k. (Flatman)........   2.
Euryanthe, 3 ans, 50 k. 1/2 (Wicks)....   3.
    Gagné d'une demi-longueur.

PRIX DU DUC DE BRABANT (*Gentlemen-riders*).
3,200 fr. pour tous chevaux étant en Belgique
depuis le 1er juin. 2,400 m.
Vévrotte, par Loadstone, 5 ans, 81 k. 1/2
    (M. le prince E. de Ligne)..........   1.
Georgina, 3 ans, 62 k. 1/2 (M. Wheelwright)   2.
Tersine, 5 ans, 79 k. 1/2 (M. le comte
    d'Alcantara.)
Non placés : Griselda, Bergeronnette, Yorkee
et Mentor. Gagné très-facilement.

PRIX DE SAINT-MICHEL. 2,600 fr. pour tous
chevaux de 3 ans et au-dessus, n'ayant pas
gagné un prix de 12,000 fr. 2,400 m.
Panique, par Alarm, 3 ans, 46 k. (Bundy)   1.
Tolla, 3 ans, 49 k. (A. Watkins)........   2.
Gœulzin, 4 ans, 55 k. 1/2 (Flatman).....   3.
    Battant un quatrième concurrent. Gagné
très-facilement.

Mardi 30 *juillet.*

PRIX A RÉCLAMER. 1,850 fr.; pour tous che-
vaux. 2,400 m.
Propre-à-Rien, par The-Early-Bird, 4 ans
    (2,000 fr.), 59 k. 1/2 (Flatman)......   1.
Noble, 6 ans (3,000 fr.), 65 k. (A. Wat-
    kins)................................   2.

Gagné facilement. Noble est tombé boiteux.

PRIX DE LA PLAINE. 1,675 fr.; au 2e 175 fr.; pour chevaux de 2e croisement. 1,600 m.

Artaban II, 4 ans, 64 k. (M. Stamford).	1.
Georgina, 3 ans, 59 k. 1/2 (A. Steele)..	2.
Brûle-Tout, 3 ans, 56 k. 1/2 (G. Abray)	3.
Griselda, âgée, 74 k. 1/2 (le propriétaire)	0.
Lia, 4 ans, 62 k. 1/2 (J. Love)........	0.
Djalma, 3 ans, 54 k. 1/2 (Mackensie)..	0.
Petite-Bière, 3 ans, 54 k. 1/2 (J. Moss)	0.

Gagné facilement.

LA POULE. 400 fr. et un objet d'art; pour tous chevaux. 3,200 m.

Vevrotte, par Loadstone, 5 ans, 75 k. (M. le prince E. de Ligne)...........	1.
Tersine, 5 ans, 72 k. (M. le comte d'Alcantara)	2.
Athos, 5 ans, 72 k. (M. Wheelwright)..	3.

Gagné facilement. Athos est tombé boiteux.

PRIX DU ROI (*handicap*). 3,450 fr.; au 2e 300 fr.; pour tous chevaux. 3,200 m.

Panique, par Alarm, 3 ans, 50 k. (A. Watkins).....................	1.
Pauvre-Hère, 4 ans, 57 k. 1/2 (Flatman)	2.
Princesse-de-la-Paix, 5 ans, 53 k. (Arnott)..............................	0. 0.

Le Cèdre. 3 ans, 46 k. (Bundy)........ 0.
. Gagné d'une longueur.

COURSE DE HAIES (*Gentlemen-riders*). 1,800 fr.
au 2ᵉ 100 fr.; pour chevaux nés en Belgique
ou introduits avant le 1ᵉʳ juin. 2,400 m.
Topsy, par Cossack, âgée, 77 k. 1/2 (M. le
    comte d'Alcantara)................... 1.
Bergeronnette, 6 ans, 77 k 1/2 (M. le
    capitaine Haworth)................... 2.
Liverpool, âgé, 74 k. 1/2 (M. le prince
    E. de Ligne)....................... 3.
Garry-Owen, âgé, 74 k. (M. Wheelwright) 0.
Griselda, âgée, 74 k. 1/2 (le propriétaire) 0.
Grisette, âgée, 67 k. 1/2 (M. Oscar du
    Roy)............................... 0.
Gagné d'une encolure.

—

WAEREGHEM

Mardi 27 *août.*

PRIX DE LA SOCIÉTÉ. — STEEPLE-CHASE. —
HANDICAP. 3,750 fr.; au 2ᵉ 300 fr. 4,600 m.
Topsy, par Cossack, âgée, 65 k. 1/2
    (M. Stamford)..................... 1.
Jean-Duquesne, âgé, 69 k. (H. Lamplugh) 2.
Miss Harkaway, âgée, 53 k. (a porté 58 k.)
    (C. Planner)....................... 0.
Gagné très-facilement. Miss-Harkaway est

ttombée après avoir fourni la moitié du parcours.

PRIX DES MEMBRES HONORAIRES (*Gentlemen-riders*). 900 fr.; au 2ᵉ 100 fr.; pour tous chevaux se trouvant en Belgique depuis le 1ᵉʳ août.
2,000 m.

Gœulzin, par Elthiron, 4 ans, 78 k. (le
    propriétaire)............................ 1.
Leuilly, 6 ans, 78 k. (M. Wheelright)... 2.
Vevrotte, 5 ans, 76 k. (M. le prince E.
    de Ligne) .... 0.
    Gagné facilement. Le cavalier de Vevrotte
est tombé vers la fin du parcours (une de ses
étrivières s'étant rompue).

PRIX DE S. A. R. LE COMTE DE FLANDRE. —
STEEPLE-CHASE (*Gentlemen-riders*). 1,490 fr.;
pour chevaux n'ayant pas été entraînés.
1,800 m.

Forester, âgé, 80 k. (le propriétaire).... 1.
Pretty-Girl, âgée, 80 k. (le propriétaire). 2.
Rob-Roy, âgé, 80 k. (M. B. Verhaeghe).. 0.
    Gagné d'une longueur.

PRIX DES MEMBRES PROTECTEURS. — STEEPLE-
CHASE. 1,225 fr.; au 2ᵉ 225 fr.; pour tous chevaux (le gagnant du handicap excepté).
2,300 m.

Grisette, âgée, par Manfred, 58 k. (M.
    Stamford) .... 1.
Mentor, âgé, 68 k. (D. Stamford)....... 2.
Miss Harkaway, âgée, 65 k. 1/2 (C.
    Planner)............................... 0.

Jean-Duquesne, 65 k. 1/2 (H. Lamplugh) 0.
Gagné très-facilement. Jean-Duquesne arrêté au deuxième obstacle; Miss Harkaway et Mentor sont tombés.

—

BRUGES

Dimanche 1ᵉʳ septembre.

COURSE DE HAIES (*Gentlemen-riders*). 675 fr.; pour tous chevaux (ceux de pur sang exceptés). 1,200 m. 4 haies.

Variety, par Red-Deer, âgé, 72 k. (le pro-
priétaire).................................. 1.
Brisetout, âgé, 72 k. (le propriétaire)... 2.
Fancy, âgée, 72 k. (le propriétaire).... 3.
Zéphyr, âgée, 72 k. (M. le comte d'Alcan-
tara)..................................... 0.
Rob-Roy, âgé, 72 k. (M. Wheelwright).. 0.
Flandre, âgée, 72 k. (M le prince E. de
Ligne).................................... 0.
Gagné facilement. Zéphyr est tombé à la dernière haie.

PRIX DE MAELE. 1,050 fr.; au 2ᵉ 50 fr.; pour tous chevaux. 2,400 m.

Vevrotte, par Loadstone, 5 ans,
72 k. (M. le prince E. de Ligne) 2. 1. 1.
Gœulzin, pn b. 4 ans, 73 k. (H.
Ashman)........................ 1. 2. 2.

Variety, âgée, 72 k. (le proprié-
taire)........................... 3.   3. ret.
Première épreuve. Gagné d'une tête.
Deuxième épreuve. Gagné d'une longueur.
Troisième épreuve. Gagné facilement.

POULE de 100 fr. et un objet d'art. 1,800 m.
Vevrotte, par Loadstone, 5 ans, 72 k.
(M. le prince E. de Ligne)........... 1.
Gœulzin, 4 ans, 72 k. (M. le comte d'Al-
cantara)............................ 2.
Variety, âgée, 72 k. (le propriétaire)... 0.

Gagné de deux longueurs.

PRIX DE CONSOLATION.
Brisetout............................ 1.
Battant deux autres concurrents.

TOURNAI

Dimanche 15 septembre.

PRIX DE PREMIER CROISEMENT. 780 fr.; pour
chevaux de 3 et 4 ans. 1,900 m. en partie
liée.

Bord-de-l'Eau, 3 ans, 54 k. (J. Moss) 1.   1.
Pierrot-vit-Co, 3 ans, 54 k. (M. Stam-
ford) .... 2.   2.
Cendrillon, 4 ans, 63 k. (J. Love).. 3.   3.
Gagné facilement à chaque épreuve.

PRIX DE DEUXIÈME CROISEMENT. 770 fr.; pour chevaux de 3 et 4 ans. 3,000 m.

Artaban II, 4 ans, 61 k. 1/2 (M. Stamford) 1.
Georgina, 3 ans, 55 k. (J. Love)....... 2
Brûletout, 3 ans, 52 k. (G. Abray)..... 3.
Petite-Bière, 3 ans, 50 k. (J. Moss).... 0.
    Gagné d'une demi-longueur.

COURSE D'AMATEURS. 590 fr.; pour tous chevaux (ceux de pur sang exceptés). 2,400 m.

Francine, par San-Francisco, 3 ans, 65 k.
    (M. F. Coppee)........................ 1.
Espoir, 4 ans, 69 k. (M. J. Ortegat)... 2.
Leviathan, 3 ans, 65 k. (M. Wheelwright) 3.
Mentor, âgé, 80 k. (M. le prince E. de Ligne) 4.
Belle-de-Jour, 3 ans, 65 k. (M. Gustave
    du Roy)............................ 0.
Petite-Sœur, âgée, 80 k. (le propriétaire) 0.
    Gagné d'une longueur.

PRIX DE LA VILLE. 2,350 fr.; pour tous chevaux. 4,000 m.

Good-By, par Saint-Germain, 60 k. (A.
    Watkins).......................... 1.
Propre-à-Rien, 4 ans, 64 k. (Mundy).... 2.
    Gagné de deux longueurs.

COURSE DE HAIES. 1,150 fr., pour tous chevaux. 2,400 m.

Vevrotte, par Loadstone, 5 ans, 74 k. 1/2 1.
Gœulzin, 4 ans, 76 k................. 2.
Artaban, 4 ans, 62 k................ 0.
    Gagné d'une longueur. Artaban est tombé à
a première haie.

PRIX DE L'INDUSTRIE. 400 fr.; pour chevaux
(ceux de pur sang exceptés) ayant couru sans
gagner.

Espoir, 4 ans, 69 k. (M. J. Ortegat)... 1.
Petite-Bière, 3 ans, 65 k. (M. Wheelwright) 2.
Leviathan, 3 ans, 65 k. (M. le prince C.
    de Ligne)........................... 3.
Belle-de-Jour, 3 ans, 65 k. (M. Gustave
    du Roy)........................... 0.
    Gagné d'une longueur.
    Complainte, à M. de Waru, a gagné un
prix pour chevaux français non entraînés.

—

SPA

Réunion d'automne.

HIPPODROME DU SART.

Lundi 23 *septembre.*

GRAND HANDICAP. 12,250 fr.; au 2ᵉ, 500 fr.;
pour chevaux n'ayant pas gagné 25,000 fr. en
courses d'obstacles. 6,000 m.

Laudanum, par Poynton, 6 ans, 64 k. (le
    propriétaire)..................... 1.
Mauchline, 6 ans, 69 k. (M. le capitaine
    Hunt.)........................... 2.
The-Unknown, âgé, 69 k. 1/2 (Witherton). 3.
Topsy, âgée, 76 k. (Twiddy............. 0.

Tippler, 6 ans, 71 k. 1/2 (H. Lamplugh.).   0.
Linkboy, âgé, 71 k. 1/2 (Pickett)........   0.
Fairplay, âgée, 66 kil, (M. le capitaine
    Haworth) ....   0.
    Gagné très-facilement. Topsy, Fairplay et
Linckboy sont tombés. Tippler a été arrêté.

PRIX DE CONSOLATION. 950 fr.; au 2ᵉ, 100 fr.;
pour chevaux ayant couru dans le handicap
et sans être arrivé premier ni second. 3,000 m.
The-Unknown, par Tearavay, âgé, 67 k. 1/2
    (Witherton) ....   1.
Linkboy, âgé, 71 k. 1/2 (Pickett)........   2.
Fairplay, âgée, 65 k. (M. le capitaine
    Hunt.)............ ....   0.
    Gagné très-facilement. Fairplay est tombée
au premier obstacle.

BRUXELLES

Réunion d'Automne

Jeudi 26 *septembre.*

STEEPLE-CHASE (*Gentlemen-riders*). 3,250 fr.:
au 2ᵉ, 250 fr.; pour chevaux introduits en Belgique avant le 1ᵉʳ août 1861. 3,500 m.
Topsy, par Cossack, âgée, 78 k. 1/2 (le
    propriétaire) ....   1.

Grisette, âgée, 64 k. 1/2 (M. Wheelwright)   2.
Mentor, âgé, 74 k. 1/2 (M. le prince E. de
    Ligne)......................................   3
Gœulzin, 4 ans, 80 k. (M. le comte d'Al-
    cantara).....................................   0.
Léporello, âgé, 74 k. 1/2 (M. le capitaine
    Hunt)..   0.
Griselda, âgée, 68 k. 1/2 (le prop.)......   0.

Gagné très-facilement, Gœulzin, Léporello
et Griselda n'ont pas fourni le parcours en
entier.

HANDICAP. 1,950 fr.; au 2e, 300 fr. pour tous
chevaux nés et élevés en Belgique. 2,400 m.;
(course plate.)

Espoir, par Maestro ou Blason, 4 ans,
    57 k. (J. Love)..............................   1.
Artaban II, 4 ans, 70 k. (M. Stamford)..   2.
Petite-Bière, 3 ans, 50 k. (J. Moss).....   3.
Brûle-Tout, 3 ans, 59 k. (G. Abray)....   0.
Gagné de deux longueurs. Brûle-Tout est
tombé à l'avant-dernier tournant.

GRAND HANDICAP. 6,000 fr.; au 2e, 850 fr.;
pour tous chevaux. 5,000 m.

Ringleader, par Intrepid, âgé, 70 k. (J.
    Cassidy).....................................   1.
Laudanum, 6 ans, 60 k. (le prop.)......   2.
Trente-et-Quarante, âgé, 70 k. 1/2 (C.
    Moss)..   3.
Trembleur, âgé, 72 k. (M. le capitaine
    Hunt)..   0.

Casse-Cou, âgé, 66 k. (H. Lamplugh)... 0.
Topsy, 67 k. (M. Stamford)............ 0.
Gagné très-facilement. Casse-Cou, Trembleur et Topsy sont tombés et n'ont pas complété le parcours.

ALLEMAGNE

—

BADEN-BADEN

Mardi, 3 septembre.

PRIX DE LA FAVORITE. 975 fr.; au 2e 175 fr.; pour tous chevaux de 3 ans et au-dessus. 1,500 m.

Angelo. par Fitz-Gladiator, 4 ans, 50 k. (C. Pratt.)........................ 1.
Eva, 4 ans, 48 k. 1/2 (Long)........... 2
Magister, 4 ans, 50 k. (J. Watkins).... 0
Doncaster, 4 ans, 50 k. (Entwistle).. .. 0.
Gagné très-facilement.

PRIX DE LA FORÊT NOIRE. 1,675 fr. pour tous chevaux de 3 ans et au-dessus. 2,400 m.

Tolla, par Festival, 3 ans, 50 k. 1/2,
    (C. Pratt).. .... 1.
Dangu, 4 ans, 59 k. (A. Watkins)...... 2.
Bièvre, 5 ans, 58 k. (T. Osborne)..... 3.
Orlandino, 4 ans, 56 k. (J. Watkins)... 0.
    Gagné facilement.

PRIX D'IFFETZHEIM. 3,700 fr.; au 2e 100 fr.
pour chevaux de 3 ans et au-dessus. 3,200 m.
Goëlette, par Ion, 6 ans (6,000 fr.), 58 k.
    (C. Pratt.)................... .... 1.
Rioter, 4 ans (6,000 fr.), 57 k. (T. Os-
    borne)........................... 2.
Angelo, 4 ans (12,000 fr.), 60 k. 1/2 (A.
    Watkins).......................... 3.
Dame-de-Compagnie, 4 ans (6,000 fr.),
    55 k. 1/2 (J. Watkins)............ 4.
    Gagné d'une longueur.

SAINT-LÉGER CONTINENTAL. 15,750 fr.; au 2e
1,000 fr. pour tous chevaux de 3 ans. 3,000 m.
Compiègne, par Fitz-Gladiator (C. Pratt).. 1.
Isabella (A. Watkins)................... 2.
Royal-Lieu (G. Pratt)................... 3.
Hetman (T. Osborne).................... 0.
Bon-Vivant, (Spreoty)................... 0.
Bochet (Chifney)....................... 0.
    Gagné très-facilement.

Samedi, 7 septembre.

PRIX DE SANDWEIER. 2,050 fr. pour chevaux
de 3 ans et au-dessus, 2,200 m.

Violette, par Ion, 4 ans (1,500 fr.) 60 k. (T.
    Osborne)...................... A couru seule.
    M. le comte de Morny a réclamé sa jument
pour 2,600 fr.

PRIX DE LICHTENTHAL. 2,700 fr. pour chevaux de 3 ans et au-dessus. 2,200 m.

Compiègne, par Fitz-Gladiator, 3 ans, 58 k.
    (C. Pratt).................................... 1.
Plaisir-des-Dames, 3 ans, 48 k. (J. Watkins). 2.
Angelo, 4 ans, 63 k. (T. Osborne)...... 3.
    Gagné facilement.

PRIX DES DAMES (*Gentlemen-riders*). 2,000 fr.;
pour tous chevaux de 3 ans et au-dessus.
2,400 m.

Goelette, par Ion, 6 ans; 71 k. (M. le duc
    de Caderousse-Grammont)........... 1.
Angelo, 4 ans, 71 k. 1/2 (M. L. de Saint-
    Germain).............................. 2.
Rioter, 4 ans, 71 k. 1/2 (S. R. Clifton).. 0.
    Gagné très-facilement. Rioter a jeté son
cavalier en heurtant un piquet. La jument a
été réclamée par M. Wilson, pour 6,525 fr.

PRIX DE L'AVENIR. 5,300 fr.; au 2ᵉ 350 fr.
pour chevaux de 2 ans. 1,000 m.

Partisan, par Launcelot (T. Osborne)... 1.
Union-Jack (Rook)...................... 2.
Hirma (A. Watkins)..................... 3.
Verberie (J. Watkins). .... 0.
Baliverne (C. Pratt.).................. 0.
    Gagné très-facilement.

PRIX DE LA VILLE (*handicap*). 7,150 fr.; au
2ᵉ 200 fr. pour tous chevaux de 3 ans et au-
dessus. 4,000 m.

Phare, par Elthiron; 5 ans, 58 k. 1/2
   (Chifney).............................. 1.
Pauvre-Hère, 4 ans, 59 k. (Flatman).... 2.
Isabella, 3 ans. 58 k. 1/2 (A. Watkins). 3.
Magister, 4 ans, 50 k. (J. Watkins).... 0.
Hibernia, 3 ans, 44 k. (T. Jones)........ 0.
Quid-Juris, 5 ans, 59 k. (T. Osborne)... 0.
Tolla, 3 ans, 53 k. (C. Pratt)........... 0.
   Gagné facilement.

PRIX DE SURPRISE (*Gentlemen-riders*). 1,075 f.
au 2ᵉ 250 fr. pour tous chevaux de 3 ans et
au-dessus. 1,200 m.

Doncaster, par Stockwell, 4 ans, 75 k.
   (S.-R. Clifton)........................ 1.
Bièvre, 5 ans, 78 k. (M. le capitaine Hunt) 2.
Révoke, 5 ans. 67 k. (M. le capitaine Ha-
   worth)................................ 3.
Eva, 4 ans, 77 k. (le propriétaire)...... 0.
Naughty-Boy, âgé, 77 k. (M. le duc de
   Caderousse-Grammont).............. 0.
Braconnier, âgé, 77 k. (le propriétaire).. 0.
   Gagné, très-facilement.

Mardi 10 septembre.

PRIX DE CARLSRUHE. 2,800 fr,; pour tous
chevaux de 2 et 3 ans. 1,500 m.
Union-Jack, par Cobnut, 2 ans, 48 k.
   (Rook)................................. 1.

Hirma, 2 ans, 46 k. 1/2 (A. Watkins)... 2.
Baliverne, 2 ans, 46 k. 1/2 (G. Pratt).... 3..
Tolla, 3 ans, 58 k. 1/3 (C. Pratt)...... 4.
Paris : 6/4 pour Union-Jack et 5/2 contre Baliverne. Gagné très-facilement.

PRIX D'EBERSTEIN (HANDICAP). 2,800 fr.; pour tous chevaux de 3 ans et au-dessus. 2,400 m.
Rioter, par The-Baron, Elthiron ou Festival, 4 ans, 59 k. (Titchener)........ 1.
Doncaster, 4 ans, 57 k. (Entwistle)..... 2.
Eva, 4 ans. 53 k. (Long).............. 3.
Bochet, 3 ans, 59 k. (Chifney).......... 0.
Violette, 4 ans, 55 k. 1/2 (T. Osborne).. 0.
Hibernia, 3 ans, 49 k. (Rook).......... 0.
Braconnier, âgé, 45 k. (A. Watkins).... 0.
Paris : 2/1 contre Doncaster, 3/1 contre Éva. 4/1 contre Bochet, 5/1 contre Hibernia et 6/1, chaque contre Violette et Rioter. Gagné d'une encolure.

GRAND PRIX DE BADE. Un objet d'art et 18,500 fr.; au 2ᵉ 500 fr.; pour tous chevaux de 3 ans et au-dessus. 3,200 m.
Mon-Étoile, par Fitz-Gladiator, 4 ans, 54 k. 1/2 (Spréoty)................... 1.
Compiègne, 3 ans, 49 k. (C. Pratt)...... 2.
Palestro, 3 ans, 46 k. (A. Watkins)..... 3.
Beauvais, 4 ans, 56 k. (Chifney)........ 0.
Éclair, 3 ans, 42 k. 1/5 (a porté 44) (Kitchener)............................ 0.
Paris : 6/4 contre Mon-Étoile, 3/1 contre

Compiègne, 4/1 contre Éclair, 5/1 contre Beauvais et 6/1 contre Palestro. Gagné très-facilement.

PRIX DE CONSOLATION. 975 fr.; au 2e 75 fr.; pour tous chevaux de 3 ans et au-dessus, ayant couru à Bade en 1861 sans gagner ni recevoir 500 fr. comme second. 2,000 m.

Bon-Vivant, par Sting, 3 ans (Spreoty).. 1.
Bochet, 3 ans (Chifney)................. 2.
Royal-Lieu, 3 ans (C. Pratt)........... 3.

Paris : 2/1 pour Royal-Lieu. Gagné d'une longueur et demie.

COURSES DE HAIES. *Handicap (Gentlemen-riders)*. 4,050 fr.; pour tous chevaux. 2,400 m.

Plume-Coq, par The-Prime-Warden, 5 ans, 67 k. (M. le duc de Caderousse)..... 1.
Bièvre, 5 ans, 79 k. (M. le comte du Bourg). 2.
Revoke, 5 ans, 69 k. (M. le capitaine Haworth)................................ 3.
Polygone, âgé, 80 k. (M. le baron de Luttwitz)............................... 0.
Naughty-Boy, âgé, 74 k. 1/2 (le propriétaire)................................ 0.
King-William, 6 ans, 70 k. 1/2 (M. le capitaine Hunt)........................... 0.
Auricula, 4 ans, 68 k. (M. L. de Saint-Germain)............................... 0.

Paris : 3/1 chaque contre King-William et Polygone, 4/1 contre Auricula, 5/1 contre Plume-Coq, 6/1 contre Bièvre, et 8/1 chaque

contre Revoke et Naughty-Boy. Gagné de trois
longueurs.

STEEPLE - CHASES

Jeudi, 5 septembre.

GRAND STEEPLE-CHASE. Une statuette (d'une
valeur de 18 0.0 fr.) offerte par S. M. le roi
des Pays-Bas et S. A. le duc de Nassau,
et 6.2,0 fr.; au 2e 2,145 f. pour tous chevaux.

Betsy-Baker, agée. 80 k. (M. le comte Joseph Westphalen)	**1.**
Locomotive. agée, 85 k. (le propriétaire).	
The-Colonel, âgé, 87 k. 1/2. (M. le capitaine Hunt)	2.
Trembleur, âgé, 87 k. 1/2. (M. Roques)	0.
Trente-et Quarante, âgé, 80 k. (M. L. de Saint-Germain)	0.
Garrick, âgé, 80 k. (M. le baron Breibach).	0.
Saint Marck, âgé, 80 k. (le propriétaire)..	0.
Linkboy. âgé. 80 k. (le capit. Haworth)..	0.
Laudanum, 6 ans, 80 k. (le propriétaire).	0.
Hermit, âgé, 87 k. 1/2 (M. le baron de Luttwitz)	0.

Gagné de deux longueurs. The-Colonel 3e à
un intervalle de plusieurs longueurs. Trembleur, Trente-et-Quarante, Garrick et Saint.
Marck, très-loin en arrière, ont atteint le but
dans l'ordre indiqué. Hermit, Linckboy et
Laudanum n'ont pas complété le parcours.

STEEPLE-CHASE (*Gentlemen-riders*). 3,010 fr. pour tous chevaux. 4,800 m.

Trembleur, par Y.-Emilius, âgé, 82 k. 1/2
(le capitaine Hunt) .... 1.
Laudanum, 6 ans, 75 k. (le propriétaire). 2.
Happy, 6 ans, 75 k. (le propriétaire) .... 3.

Gagné d'une longueur. Happy a atteint le but longtemps après ses concurrents.

COURSES AU TROT

ROUEN.

Jeudi 23 mai.

PRIX DU COMITÉ. 1,500 fr.; au 2ᵉ 400 fr., pour chevaux français de 3 et 4 ans. 3,000 m. (Au trot attelé.)

Surprise, pᵉ al., 4 ans, à M. Marguerin, 7′ 17″.................................... 1.
Jacques, h. gr., 4 ans, à M. Duval. 8′ 01″ 2.
   Battant quatre autres concurrents.

PRIX DE LA SOCIÉTÉ D'AGRICULTURE. 2,000 fr.; au 2ᵉ 450 fr.; pour chevaux français de 4 ans et au-dessus. 4,000 m. (Au trot attelé.)

Romulus, h. n., 5 ans, par Phœnomenon à M. L. de Grasse de Pau. 9′ 55″..... 1.
Audacieuse, jt al., à M. L. Hervieu. 10′ 52″ 2.
   Battant deux autres chevaux.

PRIX DU COMICE AGRICOLE. 1,500 fr.; au 2ᵉ 450 fr. pour chevaux français de 4 et 5 ans. 4,000 m. (Au trot monté.)

Ⅰ Miss-Pierce, p⁰ al., 4 ans, par Succès, à
   M. Douesnel (Marguerin). 8′ 32″......   1.
Ⅰ Fridoline, jt al., 4 ans, à MM. Thiercelin
   et Montfort. 8′ 42...................   2.
   Battant trois autres chevaux.

PRIX DE LA SOCIÉTÉ D'AGRICULTURE. 2,000 fr.;
au 2ᵉ 250 fr. pour chevaux français de 4 ans
et au-dessus. 6,000 m. (Au trot monté.)
Ⅰ Miss-Pierce, pᶜ al., 4 ans, par Succès, à
   M Douesnel (Marguerin). 11′ 08″...   1.
Ⅰ Fridoline, pᵉ al., 4 ans, à MM. Tiercelin
   et Montfort. 11′ 53...................   2.
   Deux autres concurrents distancés.

PRIX DE LA VILLE. 2,500 fr.; au 2ᵉ 600 fr.
pour tous chevaux de 4 ans et au-dessus.
6,000 m. (Au trot monté.)
Ⅰ Mountain-Boy, h. bb., âgé, à MM. Moyse
   (Alfred). 12′ 51″...................   1.
Ⅰ Vesta, jt b., à M. le marquis de Croix
   (Frocourt). 12′ 54″...................   3.
Ⅰ Stella, jt bb., âgée, à M. Sablon de la
   Salle (J. Péchaud). 12′ 52″......... Dist.
   Stella a été distancée pour avoir fournie
quelques foulées de galop en arrivant au but.

PRIX DE LA VILLE. 2,500 f.; au 2ᵉ 500 fr.
pour tous chevaux de 4 ans et au-dessus.
4,000 m. (Au trot attelé.)
Ⅰ Jack Rossiter, h. al., âgé, à M. L. de
   Grasse, de Pau. 9′,...................   1.
Ⅰ Grey, h. gr., à M. de Germiny. 9′ 05″..   2.
   Gagné facilement.

COURTALIN

Dimanche 9 juin.

250 fr.; au 2ᵉ, 150 fr.; au 3ᵉ, 100 fr.; pour pouliches percheronnes de 3 ans. 2,000 m.
Rigolette, à H. Béjard, 7′ 4″............... 1.
Comète, à M. Chauvin, 7′ 46″........... 2.
Rosalie, à M. L. de la Bretonnerie 7′ 55″. 3.
Battant quatre autres concurrents.

250 fr.; au 2ᵉ, 150 fr. pour poulinières de race percheronne, de 4 ans et au-dessus. 4,000 m.
Margot, 5 ans, à M. Coispeau, 10′ 20″... 1.
Margot, âgée, à M. Grandin, 10′ 29″..... 2.
Battant cinq autres concurrents.

250 fr.; au 2ᵉ, 160 fr pour juments percheronnes de 4 ans et au-dessus. 4,000 m. (au trot attelé).
Laporte, âgée, à M. Leroy, 11′ 59...... 1.
Margot, 4 ans, à M. Vérot, 12′ 8″....... 2.
Battant six concurrents.

225 fr., au 2ᵉ, 125 fr. pour juments percheronnes de 4 à 8 ans. 4,000 m.
Rosette, 5 ans, à M. Béjard, 10′ 5″...... 1.
Bijou, 6 ans, à M. Jauneau, 10′ 6″....... 2.

SAINT-OMER

Dimanche 7 juillet.

PRIX DU DÉPARTEMENT. 350 fr.; au 2ᵉ 150 fr.; pour chevaux de race boulonnaise, de 3 ans, du Pas-de-Calais. 2,000 m.

1 Rosette, à M. E Vigny. 5′ 15″......... 1.
2 Surprise, à M. Deherly. 5′ 30″......... 2.

PRIX DU CONSEIL GÉNÉRAL. 350 fr.; au 2ᵉ 150 fr.; pour chevaux de race boulonnaise, de 4 à 7 ans, du département. 3,000 m.

2 Zerline, 6 ans, à M. Mautel. 5′........ 1.
1 Thérézine, 4 ans, à M. H. Gressier. 5′ 15″........................... 2.

—

LAMBALLE

Dimanche 21 juillet.

PRIX DE LA VILLE. 180 fr ; au 2ᵉ, 70 fr.; pour chevaux de 3 et 4 ans, du canton de Lamballe. 3,000 m.

1 N......, p. n., 3 ans, à M. Mehant..... 1.
1 Féréol, 3 ans, à M. Peltier............ 2.
Battant trois autres chevaux.

400 fr.; au 2e, 300 fr.; pour poulains entiers de 3 ans, munis de cartes d'aptitude des circonscriptions de Lamballe et d'Hennebont. 4,000 m. (au trot attelé).

Manœuvre, à M. Dantec, 14′ 52″....... 1.
N....., à M. Daniel, 16′ 34″......... 2.

PRIX DES BRUYÈRES. 300 fr.; au 2e 100 fr.; au 3e, 75 fr.; au 4e, 25 fr.; pour chevaux de demi-sang de 3 et 4 ans, des mêmes circonscriptions. 4,000 m. (au trot attelé).

Baille, 3 ans, à M. Briant, 13′ 47″....... 1.
Joquelet, 4 ans, à M. Cherdel, 13′ 50″.. 2.
Grisette, 4 ans, à M. Peltier, 13′ 50″.... 3.
N....., p[e] gr., 4 ans, à M. Peltier, 13′ 51″ 4.
Battant cinq autres concurrents.

PRIX DES MOULINS. 300 fr.; au 2e, 100 fr.; au 3e, 75 fr.; au 4e, 25 fr.; pour tous chevaux (pur sang exclu) de 3 ans des mêmes circonscriptions. 65 k. 2,000 m.

Mourette, à M. Delaville.............. 1.
Électrique, à M. Lefloch.............. 2.
Baille, à M. Briand................. 3.
Moutonne, à M. Saladin.............. 4.
Huit chevaux non placés.

Lundi 22 juillet.

PRIX DE LA VIEILLE FORÊT. 300 fr.; au 2e, 100 fr.: au 3e, 75 fr.; au 4e, 25 fr.; pour tous chevaux de 4 ans des mêmes circonscriptions. 4,000 m.

Joquelet, à M. Cherdel...............   1.
Nautila, à M. de Kerdrel............   2.
Punch, à M. Joanno.............   3.
Grisette, à M. Peltier................   4.
    Battant trois autres concurrents.

PRIX DU DÉPARTEMENT. 220 fr.; au 2e 80 fr.;
pour chevaux de 3 et 4 ans, du département
des Côtes-du-Nord. 3,000 m.
Joquelet, 4 ans, à Cherdel.............   1.
Punch, 4 ans, à M. Jouanno...........   2.
    Battant six autres chevaux.

500 fr.; au 2e 300 fr.; au 3e 200 fr.; pour
pouliches de 3 ans, primées ou mentionnées.
2,000 m.
Mourette, à M. Delaville..............   1.
Baille, à M. Briand...............   2.
Electrique, à Lefloch................   3.

COURSES DE GENTLEMEN. Equipage de course
pour tous chevaux français. 4,000 m. (au
trot).
Bédouin, âgé, à M. de Kerdrel.........   1.
Pompon, âgé, à M. de Lépineau........   2.
Mina, âgé, à M. de Karkaradec.........   3.
Joquelet, à M. Cherdel...............   4.

AMIENS

Dimanche 21 juillet.

PRIX D'AUBERVILLE. 975 fr.; au 2e 100 fr.;

pour chevaux de 3 à 8 ans, du département
de la Somme. 1,800 m. en partie liée.
Y. Champion, 6 ans, à M. Dugard.
    14' 15" — 13' 49"................. 1. 1.
La-Blonde, 3 ans, 56 k. 1/2, à
    M. E. Leullier...............,....... 2. 2.
Battant trois autres concurrents.

—

LUÇON

28 juillet.

300 fr. au 2ᵉ; 100 fr. pour chevaux de 3
à 7 ans, de la Vendée. 2 000 m.
Gagne-Petit, 4 ans, à M. E. Béverseau 4' 44" 1.
Surprise, 6 ans, à M. Dubois. 4' 45".. 2.
Battant quatre autres chevaux.

—

CAEN

Mardi 30 août.

PRIX DE LA SOCIÉTÉ. 1,000 fr. pour tous che-
vaux. 4,000 m.
Stella, à M. Sablon de la Salle. (J. Pé-
    chaud) 7' 37".............................. 1.
Mountain-Boy, à M. Moyse (Alfred).
    7' 40".................................. 2.
Espérance, à M. le marquis de Croix... 3.

PRIX DU CONSEIL GÉNÉRAL. 2,000 fr. pour chevaux de 3 et 4 ans du Calvados.

Fridoline, par Shamyl, à MM. Tiercelin
et Montfort, 7' 33".................... 1.
Norma, à M. Marguerin. 7' 45"........ 2.

PRIX DU CONSEIL GÉNÉRAL. 2,000 fr.; au 2e 500 fr. pour chevaux hongres et juments de 3 et 4 ans, nés et élevés en Normandie. 5,000 m.

Fridoline, à MM. Tiercelin et Montfort
9' 23"..................... 1.
Miss-Pierce, à M. Douesnel. 9' 45"...... 2.

PRIX DES HARAS 800 fr.; au 2e 350 fr.; au 3e 250 fr.; au 4e 200 fr. pour pouliches de 3 ans, 2,000 m.

Fiametta, par Succès, à M. Hamel. 5' 20". 1.
Julia, à M. Pierre, 5' 24".............. 2.
N., à M. Guesdon 5' 30"............. 3.
Houry, à M. le marquis de Grangues.
5' 38"..................... 4.
Battant quinze autres pouliches.

PRIX DES HARAS. 1,000 fr. pour chevaux hongres et juments de 4 et 5 ans, nés et élevés en Normandie. 4,000 m.

Norma, par Shamyl, à M. Marguerin.
7' 28"..................... 1.
Espérance, à M. le marquis de Croix. 8' 31". 2.
Historien, à M. Oscar Marie. 9' 15"..... 3.

PRIX DES HARAS. 1,000 fr. pour chevaux hongres et juments de 4 et 5 ans nés et élevés en Normandie. 4,000 m.

Xilia, par Gainsborough, à M. le marquis
    de Croix. 8′ 44″.......................... 1.
Surprenante, à M. P. Joubin. 9′ 25″.... 2.
Gazeley, à M. Marion père. 10′ 05″..... 3.

PRIX DES HARAS. 1.500 fr. pour chevaux hongres et juments de 4 et 5 ans, nés et élevés en Normandie (attelés par paire). 4,000 m.
Prince-Noir, à M. le marquis de Croix.
    9′ 25″...................... .... 1.
Mlle-de-Rouges-Terres, au même........ ..
Surprise, à M. Marguerin. 10′ 43″...... 2.
Norma, au même....................... ..
Buckthorn, à M. Marion fils. 11′ 04″.... 3.
Pledge, au même...................... ..

—

LE PIN

Samedi 3 août.

300 fr. pour pouliches de 3 ans. 2,000 m.
Armeline, par William, à M. Collet..... 1.
Dolorès, à M. le marquis de Falendre... 2.
Valentine, à M. Rattier................. 3.
Calliope, à M. Esnault................. 4.

PRIX DU CONSEIL GÉNÉRAL. 1,200 fr. pour poulains hongres et pouliches de 3 ans. 3.000 m.
Yelva, par Phœnomenon, à M. le marquis
    de Croix............................ 1.

Armeline, à M. Collet................... 2.
Walentine, à M. Rattier................ 3.

PRIX DES HARAS. 2,400 fr. pour chevaux hongres et juments de 4 et 5 ans, nés et élevés en France. 4,000 m.
Fridoline, par Shamyl, à MM. Tiercelin
    et Montfort. 7′ 05″ .... 1.
Norma, à M. Marguerin. 7′ 23″......... 2.
Surprenante, à M. P. Joubin. 7′ 26″.... 3.
Espérance, à M. le marquis de Croix. 8′20″. 4.

—

VALENCIENNES

Dimanche 4 août.

PRIX DE L'INDUSTRIE. 490 fr,; au 2ᵉ 20 fr,; pour chevaux de 3 ans, du Nord. 2,000 m.
Papillote, à M. P. Lemaire (Jean)....... 1.
Artilleur, à M. G. Darche (Victor)..... 2.

PRIX DE L'ESCAUT. 570 fr,; au 2ᵉ 150 fr,; pour chevaux de 3 ans et au-dessus, du Nord. 4,000 m.
L'Ouvrière, âgée, à M. Perdry (Corby). 1.
Zerline, 6 ans, à M. J. B. Mantel (Man-
    tel fils)................................. 2.
Battant quatre autres chevaux.

PRIX DE DOUCHY. 960 fr.; au 2ᵉ 160 fr; pour tous chevaux. 4,000 m.
Audacieuse, âgée, à M. L. Fraser (le pro-
    priétaire)............................. 1.

L'Ouvrière, âgée, à M. Perdry (Corby)..
Battant trois autres chevaux.

Lundi 5 août.

400 fr. 4,000 m.
Mountain-Boy, âgée, à MM. Moyse frères
(Alfred)... 1.
Stella, âgée, à M. Sablon de la Salle
(J. Péchaud)... .... 2.
Gagne facilement.

SAINT-MAIXENT

Dimanche 4 août.

PRIX DE L'AGRICULTURE. 400 fr.; au 2ᵉ 200 fr.;
au 3ᵉ 100 fr.; pour chevaux de 3 ans, 2,000 m.
La Rouanne, à M. L. Proust (E. Proust). 1.
Bon-Espoir, à M. Bouillé (Victor)........ 2.
Quimper, à M. Renaud (le prop.)........ 3.
Un troisième concurrent distancé.

PRIX DU CONSEIL GÉNÉRAL. 600 fr.; au
2ᵉ 200 fr.; au 3ᵉ 100 fr.; pour chevaux de
3 et 4 ans, du département. 4,000 m.
Bibi, 4 ans, à M. le comte de La Roche-
jaquelein (Bouby). 9′ 39″............... 1.
La-Rouanne, 3 ans, à M. L. Proust
(E. Proust). 11′ 5″.......................... 2.

La-Boulangère, 4 ans, à M. Migaud (Jacob). 11′15″.............................. 3.
  Battant trois autres concurrents.

—

FALAISE

Samedi 10 août.

PRIX DU CONSEIL GÉNÉRAL. 887 fr. 50 c.; au 2e 400 fr.; pour chevaux hongres et juments de 3 et 4 ans, de la Normandie. 4,000 m.
Fridoline, 4 ans. 65 k., à MM. Tiercelin et Montfort (Belet). 8′25″............. 1.
Espérance, 3 ans, à M. le marquis de Croix (Frocourt). 8′31″................. 2.

PRIX DE LA SOCIÉTÉ. 390 fr.; au 2e 90 fr.; au 3e 60 fr.; pour chevaux hongres et juments de 3 ans, de la Normandie. 2 000 m.
Yelva, à M. le marquis de Croix. 4′55″. 1.
Valentine, à M. Rattier. 5′............. 2.
Régent, à M. O. Marie. .... 0.

PRIX DES HARAS. 1,480 fr.; au 2e 140 fr.; pour chevaux hongres et juments de 4 et 5 ans, de la Normandie. 4,000 m.
Fridoline, 4 ans, à MM. Tiercelin et Montfort. 8′21″.......................... 1.
Surprenante, 4 ans, à M. Pascal Joubin. 2.

Dimanche 11 août.

PRIX DE LA VILLE. 400 fr.; au 2ᵉ 100 fr.; au 3ᵉ 60 fr.; pour chevaux hongres et juments de 3 ans, de la Normandie. 2,000 m.

Yelva, à M. le marquis de Croix. 4′44″.   1.
Valentine, à M. Rattier. 5′01″.........   2.
Régent, à M. O. Marie.................   3.

PRIX DE LA SOCIÉTÉ NORMANDE. 390 fr.; au 2ᵉ 90 fr.; au 3ᵉ 70 fr.; pour chevaux de 3, 4 et 5 ans, de la Normandie. 4,000 m.

Espérance, 3 ans, à M. le marquis de Croix. 9′5″........................   1.
Surprenante, 4 ans, à M. P. Joubin. 9′15″.........................   3.
Pledge, 4 ans, à M. Marion fils........   3.

PRIX DU CONSEIL GÉNÉRAL. 625 fr.; au 2ᵉ 75 fr.; pour chevaux hongres et juments de 3 et 4 ans, du Calvados. 4,000 m.

Fridoline, 4 ans, à MM. Tiercelin et Montfort. 8′32″......................
Prepty, 4 ans. 9′24″..................   2.
Gazeley, 4 ans.......................   3.

—

ABBEVILLE

Dimanche 11 août.

PRIX DE LA PRAIRIE. 825 fr.; au 2ᵉ, 200 fr.;

eau 3ᵉ, 100 fr.; pour chevaux de 3 à 7 ans des circonscriptions d'Abbeville et de Braisne. 2,000 m.

Jeune-Margot, 3 ans, 56 k., à M. Decaix 5′ 51″	1.
Thomas, 5 ans, 70 k., à M. Briez, 5′ 29″.	2.
Colibri, 5 ans, 70 k., à M. Decamps, 5′ 30″	3.
Thérésine, 4 ans, 66 k., à M. Gressier, 5′ 32″	4.
Y.-Champion, 5 ans, 75 k., à M. Dugard, 5′ 34″	5.
La-Blonde, 3 ans, 56 k., à M. Leullier, 5′ 50″	6.

—

GUÉRANDE

Dimanche 11 août.

PRIX DE LA SOCIÉTÉ. 105 fr. pour tous chevaux. 2,800 m. (Au trot attelé.)

Norma, âgée, à M. Bruc, 7′ 30″	1.
Malvina, 6 ans, à M. Rabouin, 8′ 26″	2.

—

LES SABLES-D'OLONNE

Lundi 12 août.

PRIX DES ÉLEVEURS. 590 fr.; au 2ᵉ 290 fr.;

pour chevaux de 3 et 4 ans, du départemen
de la Vendée. 2,500 m.

Olympe, 3 ans, à M. Avril............... 1,
Niquette, 4 ans, à M. Maillard......... 2.
Bichette, 4 ans, à M. Penard.......... 0.

    PRIX DU CASINO. 280 fr. pour tous chevaux.
3,000 m.

Nina, âgée, à M. Brossard (le prop.).... 1.
Sophie, âgée, à M. D. Caillé (le prop.).. 2.
    Battant deux autres chevaux.

QUIMPER

Vendredi 16 *août.*

    PRIX DES HARAS. 290 fr.; au 2e, 90 fr.; au 3e
65 fr.; au 4e, 15 fr.: pour chevaux hongres
et juments de 3 ans, des circonscriptions de
Lamballe et d'Hennebont, 2,000 m.

Mourette, à M. Delaville, 4′ 49″.......... 1
Minette, à M. Lefloch, 5′ 2″............ 2
Cocotte, à M. Michel, 5′ 20″............ 3
Bigoé, à M. Quéinnec, 6′............... 4

Samedi 17 *août.*

    PRIX DES HARAS. 290 fr.; au 2e, 90 fr.; pour
chevaux de 4 ans des mêmes circonscriptions
4,000 m.

Minute, à M. de Nazac, 9' 46" .... 1.
N....., à M. de Lige, 10' 29"........... 2.

PRIX DU CONSEIL GÉNÉRAL. 190 fr.; au 2ᵉ, 90 f.
pour chevaux de 3 ans nés et élevés en Bretagne. 2,000 m.

Mourette, à M. Videlou, 4' 55"........... 1.
Minette, à M. Lefloch; 4' 58"........... 2.
Jérome, à M. Quéinnec, 5'............. 3.

—

AVRANCHES

Dimanche 18 août.

PRIX DU DÉPARTEMENT. 500 fr.; au 2ᵉ, 300 fr.
au 3ᵉ, 200 fr. pour chevaux de 3 et 4 ans, de
la circonscription normande. 4,000 m.

Espérance, 3 ans, 58 k., à M. le marquis
de Croix, 9' 14".................... 1.
N.-Marengo, 3 ans, 58 k., à M. Plante,
9' 44".................... 2.
Papillon, 3 ans, 58 k., à M. Jamard, 9'47". 3.
Pomponne, 4 ans, 65 k. à M. Lebutte,
9' 48".................... 4.
Bijou, 4 ans, 65 k., à M. Brune, 9' 50".. 5.
Six chevaux non placés.

PRIX D'ARRONDISSEMENT. 150 fr.; au 2ᵉ, 100 f.
au 3ᵉ, 50 fr.; pour pouliches de 3 ans primées
ou mentionnées. 2,000 m.

Papillon, à M. Jamard, 4' 45".......... 1.

Mignonne, à M. Libeurier, 4' 52"........ 2
Sophie, à M. Renault, 5' 56"............ 3
N....., p. b., à Mme v^c Levavasseur, 6'5" 4
Deux autres pouliches non placées.

PEIX DE LA SOCIÉTÉ GÉNÉRALE DES COURSE
DE NORMANDIE. 820 fr.; au 2e, 300 fr.; au 3
100 fr. pour pouliches de 3 ans, 4,000 m.
Yelva, à M. le marquis de Croix, 9' 22". 1
Sans-façon, à M. Basly, 9' 25"........... 2

—

FEURS

(LOIRE)

300 fr. pour chevaux hongres et jument
de 3 ans. 2,000 m. (au trot attelé).
N..... à M. Gautard................. 1

300 fr. pour chevaux hongres et juments d
4 ans. 2,000 m. (Au trot attelé.)
N....., h. b., à M. Balzat............ 1

PRIX DU CONSEIL GÉNÉRAL. 300 fr., pour pou
liches de 3 ans saillies. 2,000 m.
N....., à M. Destras................. 1

PRIX DE LA SOCIÉTÉ. 300 fr., pour chevau
hongres et juments de 3 et 4 ans. 2,000 m.

Six concurrents ont disputé cette cours
mais ayant tous galopé, le prix n'a pas été dé
cerné.

LAON

Samedi 31 août.

PRIX DU DÉPARTEMENT. 575 fr.; au 2ᵉ, 350 fr.; pour chevaux hongres et juments de 3 ans, de l'Aisne. 2,600 m. (Au trot attelé).

Blondinette, à M. Fauconprey, 7' 20"...   1.

Compromise, à M. Bélin, 7' 25".........   2.

   Battant sept autres concurrents.

PRIX DU DÉPARTEMENT. 575 fr.; au 2ᵉ, 225 fr.; pour chevaux hongres et juments de 4 ans, de l'Aisne, 4,000 m. (Au trot attelé.)

Solferino, à M. André, 12'.............   1.

Mina, à M. Jumeaux, 12' 10"..........   2.

   Battant deux autres chevaux.

Dimanche 1ᵉʳ septembre.

PRIX DU DÉPARTEMENT. 575 fr.; au 2ᵉ, 250 fr.; pour chevaux hongres et juments de 3 ans, de l'Aisne. 2,600 m.

Compromise, à M. Bélin, 5' 30".........   1.

Genny-l'Ouvrière, à M. Poindr n 6'.....   2.

   Battant trois autres concurrents.

PRIX DU DÉPARTEMENT. 675 fr.; au 2ᵉ, 225 fr.; pour chevaux hongres et juments de 4 ans, de l'Aisne. 4,000 m. (au trot attelé).

Pavillon, à M. Coutand, 9' 05".........   1.

———

SAINT-LO

Dimanche 1ᵉʳ septembre.

PRIX DE LA SOCIÉTÉ D'AGRICULTURE. 600 fr.;
au 2ᵉ 200 fr.; au 3ᵉ 100 fr.; pour chevaux de
3 ans, de la Manche. 4,000 m.

La-Petite, par Reveller, à M. Langlois
  (Laisné). 8′ 55″. .... 1.
Y.-Marengo, à M. Plante (le prop.). 9′ 02″. 2.
Papillon, à M. Jamard (Charles). 9′..... 3.
  Battant quatre autres concurrents.

PRIX DES HARAS. 1,200 fr.; au 2ᵉ 1,000 fr.;
au 3ᵉ 800 fr.; pour chevaux hongres et juments de 4 et 5 ans, nés et élevés en Normandie. 4,000 m.

  Miss-Pierce, par Succès, 4 ans, 80 k.,
  à M. Douesnel (Marguerin). 7′ 07″.... 1.
Fridoline, 4 ans, 80 k., à MM. Tiercelin
  et Montfort (Relet). 7′ 25″.......... 2.
Norma, 4 ans, 75 k., à M. Marguerin
  (Flocon). 7′ 45″...................... 3.
  Battant quatre autres chevaux.

PRIX D'ESSAI. 900 fr.; pour poulains entiers
de demi-sang, âgés de 3 ans, munis de cartes
d'aptitude, des départements de la Manche
et du Calvados. 4,000 m.

Pierson, par Succès, à M. Douesnel.
  10′ 56″............................. 1.

Wainqueur, à M. Luce. 11' 21"......... 2.
Cannibale, à M. le baron Houssaint de
    Saint-Laurent, 11' 56".............. 3.
Oscar, à M. Godard. 12' 24".......... 4.

PRIX D'ESSAI. 1,000 fr. pour chevaux entiers
de demi-sang, de 3 ans, munis de cartes
d'aptitude, nés et élevés en Normandie.
4,000 m.

Conquérant, par Kapirat, à M. Basly
    (Marguerin). 8' 57".................. 1.
Capucin, à M. C. Forcinal (Philibert).
    9' 17"............................. 2.
X..... n. par Phœnomenon, à M. le mar-
    quis de Croix (Frocourt). 9' 56"....... 3.

GRAND PRIX DE LA SOCIÉTÉ GÉNÉRALE DES
COURSES DE NORMANDIE. 1,350 fr.; au 2e 370 fr.;
au 3e 170 fr.; pour poulains entiers de 3 ans.
5,000 m.

Conquérant, par Kapirat, à M. Basly (Flo-
    con). 10' 43"....................... 1.
Pierson, à M. Douesnel (Marguerin).
    10' 44"............................ 2.
Chevalier, à M. Marion fils (Victor).
    11' 05"............................ 3.
Capucin, à M. C. Forcinal (Philibert).
    11' 21"............................ 4.
Stoker, à M. Marion père (Auguste)..... 8.

GRAND PRIX DE TROT. 800 fr.; au 2e 700 fr.;
au 3e 600 fr.; au 4e 500 fr.; au 5e 300 fr.; au
6e 200 fr.; pour pouliches de 3 ans, primées

ou mentionnées aux concours de la Manche.
60 k. 2,000 m.

Papillon, par Jeroboam, à M. Jamard
(Charles). 4′ 30″...................... 1.
Osmann, à M. Hamel (le prop.). 5′ 02″.. 2.
Mignonne, à M. Lebeurier (le prop.).
5′ 07″...... ....·........ .... 3.
Bergère, à M. Buhot (le prop.). 5′ 20″... 4.
Alkassan, à M. de La Comté (Dufour).
5′ 25″........... .... 5.
Comète, à M. Gardin (Pascal). 5′ 31″.... 6.
Trente-quatre pouliches ont couru.

———

MORTAGNE

Dimanche 1ᵉʳ septembre.

PRIX DU CONSEIL GÉNÉRAL. 490 fr.: au 2ᵉ,
90 fr. pour chevaux et juments de race percheronne, de 3 et 4 ans. 4,000 m.

Dulcinée, 4 ans, à M. Fleury, 9′ 24″..... 1.
Pâquerette, 3 ans, à M. Bourge......... 0.

PRIX DE MORTAGNE. 200 fr.; au 2ᵉ, 12 fr.;
pour poulains entiers de 30 mois, d'espèce
percheronne, de l'arrondissement de Mortagne. 2,000 m.

Ajax, à M. Fromentin, 4′ 55″........... 1.
Voltaire, à M. Perpère................. 0.
Bleu, à M. Patrel...................... 0.

PRIX DES SOCIÉTAIRES. 385 fr.; au 2°, 85 fr. pour tous chevaux de 3, 4 et 5 ans, du département de l Orne. 3,000 m.

Prince-Noir, 5 ans, à M. le marquis de
  Croix 6' 25"......................... 1.
Quatre autres chevaux distancés.

PRIX DU PERCHE. 195 fr.: pour chevaux percherons de 3, 4 et 5 ans. 4000 m.

Bijou, 3 ans, à M. Bigot, 9' 40"........ 1.
Pâquerette, 3 ans, à M. Bourge, 9' 36".. 2.

PRIX DES HARAS. 500 fr.; pour poulains entiers de 3 ans, munis de cartes d'aptitude. 4,000 m.

Chéri, à M. Fromentin, 9' 40"........... 1.
Monarque, à M. Perpère, 10' 2"......... 2.
Oscar, à M. Perpère, 10' 25".......... 3.
Quatre autres chevaux distancés.

PRIX DES CINQ DÉPARTEMENTS. 290 fr.; au 2°, 90 fr. pour chevaux percherons, de 3, 4 et 5 ans. 4,000 m.

Favori, 5 ans, à M. Fromentin, 9' 27"... 1.
Trois autres concurrents distancés.

PRIX DE LA SOCIÉTÉ GÉNÉRALE DES COURSES DE NORMANDIE. 390 fr.; au 2°, 90 fr.; pour chevaux de demi-sang, de 3, 4 et 5 ans, nés et élevés en Normandie. 4,000 m.

Mlle-des-Rouges-Terres, 5 ans, à M. le
  marquis de Croix, 8' 43"............... 1.

Bon-Cœur, 4 ans, à M. C. Forcinal,
8' 51"............................... 2.
Armeline, 3 ans, à M. Collet, 8' 54" .... 0.

Lundi 2 Septembre.

PRIX DU CONSEIL MUNICIPAL. 200 fr. pour
poulains percherons, de 30 mois, de l'arrondissement de Mortagne. 2,000 m.
Lansquenet, à M. Fromentin, 4' 48".... 1.

PRIX DES HARAS. 700 fr.; au 2ᵉ, 400 fr. pour
poulains entiers de demi-sang, de 3 ans,
munis de cartes d'aptitude. 4,000.
Chéri, à M. Fromentin, 9' 38"........... 1.
Monarque, à M. Perpère, 9' 48"........ 2.
Brillant, à M. Perpère, 9' 50".......... 3.
Brave, à M. Th. Peltier. 10' 55"......... 4.
Battant quatre autres concurrents.

PRIX DES HARAS. 500 fr.; au 2ᵉ, 200 fr.;
pour pouliches percheronnes de 3 ans, primées
ou mentionnées. 3,000 m.
Bijou, à M. Bigot, 7' 10"................ 1.
Mignonne, à M. Chardon, 7' 38"........ 2.
Poule, à M. Jardin, 7' 42"............... 3.
Citronne, à M. Picot, 7' 48"............ 4.
Huit autres pouliches non placées.

390 fr.; au 2ᵉ, 90 fr.; pour chevaux hongres
et juments de race percheronne, de 3 à 7
ans, de l'arrondissement de Mortagne,
4,000 m.

Favori, 5 ans, à M. Fromentin, 10′ 5″... 1.
D'Artagnan, 6 ans, à M. Fromentin, 10′ 25″ 2.
Battant un troisième concurrent.

—

ILLIERS

Dimanche 8 septembre

PRIX DES HARAS. 700 fr.; au 2ᵉ, 400 fr.; pour chevaux de 3 ans, munis de cartes d'aptitude. 4,000 m.

Chéri, à M. Fromentin, 10′ 19″........ 1.
Brillant, à M. Perpère, 12′ 2″... .... 2.

PRIX D'EURE-ET-LOIR. 300 fr.; pour chevaux entiers, de 3 à 6 ans, de race percheronne, 3,200 m.

Deudé, 5 ans, à M. Thion, 8′ 11″... ... 1.
Mouton, 5 ans, à M. Thion, 8′ 26″....... 2.

PRIX DE LA VILLE. 300 fr.; pour chevaux entiers de race percheronne, de 4 à 7 ans. 3,200 m.

Favori, 5 ans, à M. Fromentin, 7′ 34″... 1.
Va-de-bon-cœur, 5 ans, à M. Brisaro, 9′ 24″ 2.
Mouton, 5 ans, à M. Thion............. 3.

PRIX DES HARAS. 300 fr.; au 2ᵉ, 200 fr.; pour pouliches de 3 ans, primées ou mentionnées. 2,000 m.

Margot, à M. Ganot, 5′ 33″............. 1.

La-Rouge, à M. Péan, 5' 38"........... 2.
Un troisième concurrent non placé.

PRIX DU CONSEIL GÉNÉRAL. 600 fr., au 2ᵉ, 300 fr. pour juments percheronnes de 4, 5 et 6 ans. 4,500 m. (Au trot attelé.)

Bichette, 5 ans, à M. Vadé. 12' 15"..... 1.
Cocotte, 4 ans, à M. Bailleau, 13' 25"... 2.
Battant sept autres juments.

—

CRAON

Dimanche 15 septembre.

PRIX DE L'AGRICULTURE. 250 fr.; au 2ᵉ, 70 fr.; pour chevaux hongres et juments de 3 et 4 ans appartenant à des cultivateurs de la Mayenne. 3,800 m.

Poule. 3 ans, à M. Guyon............... 1.
Biche, 4 ans, à M. Joncheray......... 2.
Battant trois autres chevaux.

PRIX DU CONSEIL GÉNÉRAL. 400 fr.; au 2ᵉ, 100 fr. (mêmes conditions que pour le prix précédent.

Papillon, 3 ans, à M. Ferré............. 1.
Bichette, 5 ans, à M. Carter............ 2.

MONTIER-EN-DER

Dimanche 15 septembre.

ÉPREUVE DE POULICHES. 300 fr.; au 2ᵉ, 275 fr.; au 3ᵉ, 225 fr.; au 4ᵉ, 200 fr.; pour pouliches de 3 ans primées ou mentionnées honorablement dans les concours du département de la Haute Marne. 2,000 m.

Rosette, à M. Prévot (M. Rousselot) 5′28″.   1.
Gazelle, à M. Durand (le prop.) 5′ 30″....   2.
Louise, à M. Noël (le prop.) 5′ 38″......   3.
Swordine, à M. Lapérousse (M. Durand)
    5′ 40″................   4.
Battant dix autres pouliches.

PRIX D'ESSAI. 400 fr.; au 2ᵉ, 100 fr., pour poulains hongres et pouliches de 3 ans des départements de la Haute-Marne et de l'Aube. 1,500 m. (au trot attelé).

Swordine, à M. Lapérousse (le prop.)
    4′ 16″................   1.
Biche, à M. Thiéblemont-Mongin (le prop.)
    5′ 29″................   2.
Rosette, à M. Prévost (M. Rousselot).
    5′ 42″................   3.
Gazelle, à M. Durand (le prop.)........   4.
Bichette, à M. Bourcier (le prop.) 5′50″.....   5.
Zizine, à M. Fiot (M. de Valsuzenay).
    zenay). 6′ 17″................   6.

PRIX DE CHAMPAGNE. 800 fr.; au 2ᵉ, 250 fr.; pour chevaux hongres et juments de 4 ans. 3,000 m.

Jenny-l'Ouvrière, à M. Rousselot-Robert
(le prop.). 7' 43"............................ **1.**
Bagatelle, à M. de Valsuzenay, 7' 57".. **2.**

Josué, à M. de Valsuzenay ; Nérisse, à M. Thié-
blemont ; Honorine, au même, et Y. Maleck,
à M. Gérard-Jeanson, ont été distancés.

PRIX DE LA PELOUSE. 800 fr. ; au 2ᵉ, 300 fr. ;
pour chevaux hongres et juments de 3 et 4 ans
1.500 m. (en partie liée).

Jenny-l'Ouvrière, 4 ans, à M. Rousselot-
Robert (le prop.), 3' 45" — 3' 36"........ **1.**
Priora, 4 ans, à M. F. de Valsuzenay,
(Malet), 3' 47" — 3' 46"............... **2.**
Fanfare, 5 ans, à M. Ravenet (Savinien).
4' 1" — 3' 50"....................... **3.**
Bichette, 3 ans, à M. Charlot Guillemin
(Marchand). 4' 8" — 4'............... **4.**
Y.-Rambler, 4 ans, à M. Coste (Gallot),
4' 15" — 4' 2"....................... **5.**
The-Rambler, 4 ans, à M. Thiérot-
(Charles). 4' 2", — ret............... **0.**

PRIX DE LA VILLE. 520 fr. ; pour tous chevaux
3,000 m.

Coquette, âgée, 70 k., à M. de Valsuzenay, 6' 51".......................... **1.**
Buhel, âgée, 70 k., à M. de Valsuzenay,
6' 52".............................. **2.**
Solferino, 4 ans, 68 k., à M. André........ **3.**

PRIX DE CEFFONDS. 250 fr.; au 2ᵉ 55 fr.; pour chevaux hongres et juments de 3, 4 et 5 ans du canton de Montier-en-Der, 1,500 m.
Nérisse, 4 ans, à M. Thiéblemont-Mongin (Miet); 4′ 41″.......................... 1.
Y. Maleck, 4 ans, à M. Gérard-Jeanson (Guérin); 4′ 51″...................... 2.

—

MONDOUBLEAU

Dimanche 15 septembre.

300 fr.; au 2ᵉ, 100 fr.; pour chevaux entiers et juments de race percheronne de 3 ans et au-dessus. 4,000 mètres (attelés par paire).
Bichette, 5 ans, à M Vadé, 11′ 43″..... 1.
Bijou, 6 ans, à M, Jouneau........ ... ..
Smith, âgé, à M. de Courtavel.|12′ 18″... 2.
Margot, âgé, au même................ ..

300 fr.; au 2ᵉ, 200 fr.; pour poulains hongres et pouliches de toute espèce (pur sang ex-cepté), des départements de Loir-et-Cher, Eure-et-Loir, Sarthe. 2,000 m.
Armeline, 3 ans, par William, à M. Collet, 4′ 6″.............................. 1.
Rigolette, à M. Béjard, 4′ 49″.......... 2.
Rosette, à M. Moreau, 4′ 55″.......... 3.
Battant trois autres concurrents.

200 fr.; au 2ᵉ, 150 fr.; au 3ᵉ, 100 fr.: pour

pouliches percheronnes de 30 mois. 2,000 m.
Julia, à M. Desvez, 5′..................... 1.
Jacqueline, à Trian, 5′ 9″............... 2.
Petite, à M. Augier, 5′ 32″............. 3.
Battant neuf autres pouliches.

300 fr.; au 2ᵉ, 200 fr.; pour juments percheronnes de 4 ans et au-dessus, ayant eu un produit dans l'année. 4.000 m.
Cocotte, 5 ans, à M. Moreau, 9′ 33″,.... 1.
Margot, 5 ans, à M. Coispeau, 9′ 51″.... 2.

300 fr.; au 2ᵉ, 200 fr.; pour pouliches percheronnes des départements de Loir-et-Cher, Eure-et-Loir, Sarthe et Orne. 2,000 m.
Comète, à M. Chauvin, 4′ 46″.......... 1.
Liza, à M. Pesnau, 4′ 53″............ 2.
Rosette, à M. Moreau, 4′ 45″.......... dist.
Battant 6 autres pouliches. Rosette arrivée 1ʳᵉ a été déclarée distancée pour avoir galopé, et le 1ᵉʳ prix remis au propriétaire de Comète, arrivée 2ᵉ.

200 fr ; au 2ᵉ, 150 fr.; au 3ᵉ, 100 fr.; pour pouliches percheronnes de 3 ans et au-dessus, ayant produit dans l'année. 4,000 m.
Bichette, à M. Vadé, 9′ 40″ .. .. 1.
Margot, à M. Laudet, 0′ 45″. .... 2.
Sophie, à M. Varesquiel, 10′ 20″........ 3.

Un objet d'art pour tous chevaux, 2,000 m. (au galop).
Armeline, 3 ans, par William, à M. Collet 1.
N...., à M. Augereau..................... 2.

LISTE DES CHEVAUX

et

I INDICATION DES PAGES OU ILS SONT CITÉS

A

Aboukir, pn bb., 4 a., p. Sting et Maid-of-Mona,
   à M. P. Aumont, 11, 14, 19, 30.
Accroche-Cœur, âgé, p. Malton, à M. E Bau-
   dry, (130).
Adriers, pn al., 2 a., p. Aguila et Miss-Rain-
   bow, à M. le comte F. de Lagrange, 120.
Agamemnon, pn bb., 3 a., p. Ion et Queen-of-
   The-May, à M. Lupin. 16, 21, 34, 45, 82,
   83, 91, 93, 104, 172, 172.
Agitation, h. b., 3 a., p. Agitation à M. F. Co-
   nan, (55), (55), (62), 63, 96.
Ainsi-soit-il, pn b., 3 a., p. Weathergage et
   The-Empress à M. le baron de Nexon, 118.
Ali, ch., 6 a., à M. Hancy, (39).
Allons-Donc, pe b., 3 a., p. Allez-y-Gaîment
   et Camélia, à M. H. Mosselman, 12, 29, 34,
   44, 47.
Alma, pe b., 4 a., p. Punch, à M. Le Gall, 63,
   64, 113, 115.

15

Audacieuse, p° n., 3 a., p. The-Baron et Bay-
Araby à M. le baron E. Daru. 10, (21), 34,
45, (47), 68, 71, 99, 128, (129), 130, 133,
136, 139.
Auricula, h. gr., 4 a., par The-Baron, à
M. le général Fleury, 160, 165, (169), 170,
171, 193.
Avalanche p° al., 3 a., p. Fitz-Gladiator et
Annetta, à M. le comte F. de Lagrange, 10,
15, 32, 34, 83, (105), (134), 126, 139, 171.
172.

B

Bagatelle, jt b., 6 a., p. Gambetti, à M. Lafargue, (90).
Baliverne, p° b., 2 a., par Womersley et Ba-
taglia, à M. le baron Nivière, 190, 192.
Ballon, jt bb.,t 4 a., par The-Flying-Dutch-
man et Plenary, à M. le duc de Caderousse-
Gramont, (108).
Barbe-Bleue, pn bb., 3 a., p. Castor et Mill-
wood, à M. H. Delamarre, 35.
Barbe-d'Or, p° al., 3 a., p. Womersley et Stella
à M. du Garreau, 5, 7, 22, 23, (37), 91, 93,
98, (110), (111), 118.
Baron, pn b., 4 a., p. Lanercost et Baroness,
à M. le baron Nivière, 16, (22), 81, 81,
(108).
Bas-Bleu, jt al., âgée, p. Strongbow ou The-
Prime-Warden, à M. le vicomte de la Bérau-
dière, 104, (164).

Basilic, ch. b., âgé, par Cataract, à M. le comte de Bréon, 152, 156, (156), (158), (164), (168), 168.

Battle, jt bb., âgée, par Ion, à M. Géralds, 140, 142.

Bébé, pe al., 2 a., p. Royal-Quand-Même et Défiance, à M. le baron E. Daru, 133.

Beau-Séjour, pn b., 3 a., p. The-Baron et Pulchérie, à M. Fasquel, 10, 15, 18, 24, 30, 105.

Beau-Sire, pn bb., 3 a., p. Womersley et Barricade. à M. du Garreau (5), (7), 22, (38), 65, 118.

Beau-Soleil, pn al., 3 a., p. Caravan et Esquisse à M. R. le vicomte de Chemellier, 22, 25, (49), (51), 99, 105, 115, (116).

Beauvais, pn b., 4 a., p. Elthiron et Wirthschaft, à Mme Latache de Fay, 31, (35), (72), (80), (87), (99), (118), 125, 192.

Belle-de-Jour, jt b., 4 a., p. Gladiator et Belle-de-Nuit, à M. H. A. Blount, 31.

Belle-de Jour, pe. 3 a., 1/2 s., à M. du Roy de Blicquy, 184, 185.

Bem, 6 a., p. Assault, à M. E. Boyer (129).

Benjamin, pn b., 2 a., p. Womersley et Baroness à M. le baron Nivière, 120.

Ben-Leil, h. b., 5 a., p. The-Prime-Warden et Glycine, à M. J. Boutton, 7, 51, 52, (141), 143.

Bergeronnette, jt b., par Ion, à M. de Bousies, 173, 177, 178, 180.

Betzy-Baker, jt b., âgée, à M. le comte de
  Westphalen, (194).
Bièvre, ch. al., 5 a., p. Elthiron ou Pédagogue
  et Voltaire-Mare, à M. Géralds (6), (42),
  60, 77, 78, 141, 142, 148, 189, 191, 193.
Biribi, ch. bb., 6 a., p. Strongbow et Rosa-
  belle. à M. le comte A. Des Cars, 23, 24, 27,
  47, (50), (64). 88, 88, 115, 122.
Birlibichon, pn. bb., 4 a., p. Nuncio et Fic-
  tion, à M. le baron N. de Rothschild, 14,
  17.
Bisbille, pe al., 2 a., p. Buckthorn et Bilberry,
  à M. le comte de Morny, 121, 134.
Bissextil, ch. bb., 5 a., p. Malton et Sylvan-
  dire, à M. P. de Vanteaux (1), (3), (5), (6),
  (8), 9, (36), (37), 58, 59, 87, (94), (95), 96,
  118, (119), 125, 131.
Blinds-Girl, pe bb., 3 a., p. Iago et Elvina, à
  M. le vicomte R. de Chemellier, (27), 50.
Bobine, jt bb., 6 a., p. Saint-Germain à
  M. d'Espous de Paul (41), (42), 137.
Bochet, pn al., 3 a., p. Elthiron et Marguerite
  à Mme Latache de Fay, 34, 91, (93), 98, 123.
  172, 189, 192, 193.
Bonne-Aventure, pe al., 2 a., p. The-Baron
  et Flower-of-The-Forest, à M. Th. Carter,
  121, 134.
Bon-Vivant, pn b., 3 a., p. Sting et Lora, à
  M. P. Aumont, 15, 123, 189, (193).
Bord-de-l'Eau, h. gr., 3 ans, par Fantasio, à
  M. O. Tiberghien, (176), (183).
Bouillabaisse ex Cuisine-à-l'huile, pe al., 3 a.,

p. Saint-Germain et Wit's-End, à M. le prince E. de Beauvau (2), (4), 7, (52), (54), (56), (58), 59, 123.

Bowlaway, pn al., 3 a., p. Allez-y-Gaîment et Magnanimity, à M. Th. Carter, 12, 13, 30.

Braconnier, ch bb., âgé, p. Balthazar et Amie, à M. le baron Finot, 6, (8), 27, 46, 49, 104, 104, 107, 153, 159, 159, 163, 166, 191, 192.

Branche-d'Or II, pᵉ al., 4 a., p. The-Roué et Branche-d'Or, à M. Réverseau, 24, 26, 62, 85, (78), 79, 113, 116.

Bravoure, pᵉ al., 2 a., p. Iago et Lady-Bird, à M. J. Reiset (134).

Brehand, pn n., 4 a., par Nautilus à M. de Margeot, (63), (69), (69), (77).

Brise-Tout, 182, (183).

Brûle-Tout, h. al., 3 ans, par Palomo, à M. E. Legrand, 175, 179, 184, 187.

Brusher, h. b., 6 a., à M. le vicomte de Montreuil, 152, 155, 156), 156, 160, 160, (162), (165), 168.

C

Cabale pᵉ, b. 3 a., p. Cossack et Wieillieska, à M. Delamarre, 15.

Cadette, jt b., âgée, 1/2 s., à M. Biénave, (154).

Cadet-Roussel, pn al., 3 a., p. Napier et Camélia, à M. de Séguineau-Lognac, 6. 53, 54, 56, 118, 119

Cendrillon, p^e gr., 4 a., p. Manfred, à M. le baron de Saint-Symphorien, (177).

Chalusset, ch. b., 5 a., p. Ionian, à M. P. de Vanteaux, 3, (5), 8, (9), (37), 38, 56, (57), 86, 94.

Chantilly, h. al., âgé, p. Surplice à M. le comte de Dampierre, (114).

Charlatan, h. b. 4 a., p. The-Prime-Warden et Annette à M. J. Boutton, 7, 151, 160.

Chasseur, h. bb., 5 a, par Voltigeur, à M. T. Hurst fils, 141, 143; à M. N. Dora, 169.

Chitane, jt bb. âgée, à M. Cordier, 28.

Christina, jt b. 6 a., à M. le comte A. de Monts, 59, 60.

Claire, jt bb., âgée, p. Brocardo, à M. de Bousies, 176.

Clarinette, p^e b. 4 a., p. Ion et Tronquette, à M. Fasquel, 75, 76, 121.

Clémence, p^c al., 3 a., p. Fitz-Gladiator et Hervine à M. P. Aumont, 122.

Clown, âgé, à M. Pouillon, 173.

Compiègne, pn al., 3 a., p Fitz-Gladiator et Maid-of-Hart, à M. le comte F. de Lagrange, 18, 21, 35, (91), (126), 133, 139, (172), 172, (189), (190), 190.

Complainte, jt., âgée à M. de Waru, 83, 185.

Consolation, jt gr., 5 a., p. Manfred, à M. le vicomte de Buisseret, 176, 183.

Cornichon, h. n., âgé, à M. Pillon, 161, (161).

Crésus, pn b., 3 a., p. Ion et Payment, à M. Lupin, 73, 76, 108, 121, 135, 137.

Cyllarus, pn al., 4 a, p. Collingwood et Flicca,

à M. Desmaisons de Bonnefont, 5, (38),
(43), (43), (54), 57, 119.

D

Doubtful, à M. Coverdales, 163.
Dreadnot, h. al., âgé, à M. Lourdais, 165,
  168.
Duguesclin, h. b., âgé, p. Caravan, à M. Se-
  roy, 70.
Durandale, jt bb., 5 a., p. Ionian, à M. du
  Garreau, 57, 60, 81, 90, 92, (111), (119),
  127.
Dwina, p^e b., 3 a., p. Florist et Iris, à M. Loi-
  seau, 78, (86), (96), (101).

E

Ébène, p^e b., 4 a., à M. Loiseau. 97.
Eclair, p^e b., 3 a., p. Iago et Balaclava, à
  M. Th. Carter, 30, 34, 123, 126, 134, (171),
  (172), 192.
Edgard, pn b., 3 a., p. Glory, 1/2 s., à M. le
  comte A Des Cars. (115).
Egmont, pn b., 3 a., p. Fitz-Gladiator, à M. le
  comte de Lagrange. 14, 19, 30, (33), 45, (48),
  à M. H. Delamarre, 62, 63 ; à M. le comte
  de Lagrange, (171) ; à M. H. Delamarre,
  178.
Electrique, pn b., 3 a., 1/2 s., à M. Lallinec,
  (70), 70, 70.
Élise, p^e b., 3 a., p. Sting et Fatima, à M. Aba-
  die, 57.
Encore-Un, pn b., 3 a., p. Weathergage et
  Misadventure, à M. le baron de Nexon, 2,
  6, 7.

Endetcha, pn bb., 4 a., p. Weathergage, et
Quiver, à le baron de Nexon, 5.
Émeraude, pᵉ b., 4 a., p. Ion et Whim, à
M. H. Jordan, 126.
Epoch, jt b., 5 a., par Ionian et Olga, à M. E.
Dubois, (54).
Espoir, h. b:, 4 ans, par Maestro, à M. D. S.
Coppee, 171, 184, (185), (187).
Ethon, pn b., 3 a., p. Collingwood et Pauline,
à M. Desmaisons de Bonnefont, 4, 54.
Étoile-du-Forez, pᵉ b., 2 a., p. Iago et Olinga, à
M. le marquis de Poncins, 91.
Euryanthe, pᵉ b., 3 a., p. The-Baron et Allu-
mette, à M. Lupin, 12, 18, 26, 71, 103, 177,
178.
Eva, pᵉ b., 4 a., par Grey-Tommy et Peri, à
M. Hasperg, 188, 191, 192.
Exactitude, pᵉ al., 2 a., p., Fitz-Gladiator et
Voyageuse, à M. le comte F. de Lagrange,
91.

F

Fabius, pn al., 3 a., p. Fitz-Gladiator et Boutique, à M. le baron Nivière, (71), (73).
Fairy-Queen, jt al., 5 a., p. Gladiator et Ba-
thilde, à M. D. Loussert, 43, 43, 43, 53, 58,
60.
Fairplay, jt al., âgée, à M. Angell, 186, (186).
Falendre, ex-Magenta, pn bb., par Faugh-a-
Ballagh et Gringalette, à M. le baron Nivière, 136, 138.

Fancy, 185.

Fanfaron, ch. bb., âgé, par Napier, à M. J. Janicot, 54.

Fanie, pᵉ al., 3 a., p. Grey-Tommy ou Garry-Owen et Delphinia, à M. Prunet, 2, 53, 54, 55, 94, (95).

Fanning, ch. bb., 5 a., p Nautilus et Kate-Nikleby, à M. F. Régis, 5, (8), 40, 42, 54 59.

Fantaisie, pn b., 3 a., p. Nuncio et Désirée, à M. F Régis, 65, 118.

Faugeras, pn b., 4 a., p., Collingwood et Noëma, à M. le comte de Coux, 5, 6, 7, 37, 111, 112, 117, 119.

Faustin, pn b., 2 a., p. Glory et Clématite, à M. le comte A. Des Cars, 98.

Faustine, jt al., 4 a., p. Gladiator et Boutique, à M. le baron Nivière, 13, 16, 39, 40, (79), (86), (90), (109), 118, 124, 128.

Favori, ch. al., âgé, 1/2 s., à M. Wᵐ Paul Smith, 154.

Fend-l'Air, ch. b., âgé, à M Raufflet. (53).

Ferrari, pᵉ b., 3 a., p. The-Baron et Victress, à M. Fould, 66, 94, 117.

Feruck-Khan, pn al., 4 a., p. The-Baron et Annetta, à M. Th. Carter, 106, 107, 123, (128).

Fiammina, pᵉ b., 4 a., 1/2 s·, à M. L. Herbin, 89, 164.

Fille-Unique, pᵉ b., 3 a., p. Commodore-Napier et All-Right, à M. le comte de Coux, 37, 38.

Finlande, pᵉ b., 3 a., par Ion et Frudulent, à M. le baron Nivière, (18), (21), (30), (45).

Fitness, p[e] al., 4 a., par Collingwood et Olga, à M. E. Dubois, 5, 6.

Flandre, 182.

Flibustier, pn al., 3 a., par Nuncio et Aurélie, à M. Dubois, 118.

Flore, jt b., âgée, (39).

Fougère, p[e] b., 4 a., p Faugh-a-Ballagh et Miss-Agreable, à M. le baron Nivière, 3, 7, 36, 37, 58, 59, 66.

Forester, h. gr., âgé, à M. le L[t]. du Roy, (181).

Forestier, ch. bb., 6 ans, p. Lanercost et Fraudulent, à M. le baron Nivière, (63), 85, 86.

Foret-du-Lys, jt b., âgée, p. Pyrrhus-The-First, à M. le baron Nivière (129).

Fox, âgé, à M. de Corbie, 83.

Framboisy, à M. H. de Biensans, 154.

Francine, 184.

Franc-Picard, h. b., âgé, par Royal-Oak ou Nautilus, à MM. de La Motte et associés, 148, 150, (157), 160, 162.

Fredaine, p[e] b., 3 a., p. Pédagogue et Ianthe, à M. J. Verry, 2, 20, 29, 56, 57, 58, 60, 125.

Frélon, pn b., 4 a., p. Gladiator et Cauliflower, à M. Delamarre, 46.

Freyschutz, pn b., 3 a., p. Cossack et Taffrail, à M. J. Reiset, 14, 32, 68, 74, 76, 93, 105.

Friandise, p[e] b., 2 a., par Womersley et Titbit, à M. Sansom, 121, 133.

Frisch, h. al., par Coustransville, à M. J. Grossel, (106).

Fuchs, 4 a., par Quadrilatère, à M. J. Issen, (106).

Fuchsia, p* b., 3 a., p. Allez-y-Galment et Julia, à M. Th. Carter, 29, 32.
Furens, ch. b., 6 a., par Elthiron, à M. H. Cutler, 7.
Fusée, p* b., 3 a., p. Brimstone et Snowdrop, à M. le comte de Morny, 12, 30, 45.

G

Gabrielle-d'Estrées, p* al., 3 a., p. Fitz-Gladiator et Antonia, à M. le comte F. de Lagrange, (34).
Game-Chicken, à M. le comte du Bourg, 149.
Garrick. ch. b., âgé, par Westow, à M. le prince de Lippe, 195.
Garry-Owen, à M. le comte de Caraman-Chimay, 180.
Gemma, p* al,, 3 a., p. Womersley et Garenne, à M. le baron Nivière, (121), 125, (135), 136, 139.
Gentil-Bernard, ch. b., 6 a., 1/2 s., à M. de Vauguyon, (142), (155), 156.
Gentille-Annette, p* b., 3 a., p. Castor et Anna, à M. L. Herbin, (79), 79, (100), (100), 110.
Georges, pn b., 4 a., p. Ion ou Father-Thames et Georgette, à M. le baron Nivière, 10, 15, 17, 19, (41).
Georgina, p* r., p. Palomo, à M. le vicomte de Buisseret, (83), (171), (174), (175), 178, 179, 184.

Germanicus, pn b., 3 a., p. The-Baron et
Lysisca, à M. Lupin, 93.
Ginevra, p^e b., 3 a., p. Collingwood et Olga,
à M. le marquis de Cambolas, 7, 117.
Gisa, p^e b., 4 a., p. Espérance et Lizzy, à
M. le baron Nivière, 10, 13. (61), 68, 75, 80.
Giselle, p^e b., 4 ans, par Y.-Hémus, à M. de
Pully, 27.
Gisors, h. bb., 4 a., p. Elthiron ou Falstaff et
Lesbie, à M. le baron Nivière, 42, (140), 141,
(142), (143), (143), 144, 148, 150, 153, 164,
165.
Gleen-Eagle, h. al., par Sir Tatton Sykes, à
M. J. Anderson (151).
Goelette, jt bb., 6 a., par Ion et Georgette, à
M. le baron Niviére, 67, 80, (106), (106),
123, 124, 127, (189), 190.
Gœulzin, pn b., 4 a., p. Elthiron et Trust, à
Mme Latache de Fay, 16, (17), (29), 34, 171,
(172) ; à M. le baron O. de Mesnil (177), 178,
(181), 182, 183, 184, 187.
Goldfinder, ch. al., âgé, à M. Devismes, 162.
Good-By, pn al., 3 a., p. Saint-Germain et
Georgette, à M. le baron Nivière, (12), 16, (18),
34, 73, 75, 83, (98), (104), 123, 126, (184).
Goùvieux, ch. b, 6 a., p. The-Baron ou La-
nercost et Fatima, à M. le baron Nivière, 14,
(15), 32 35, (86), (96), 71, (77), (78), 128.
Governor, h. bb., âgé, à M. le général
Fleury, 153, 157.
Grabuge, pn b., 3 a., p. Castor et Charley-

Boy-Mare, à M. H. Delamarre, (10), 13, 18, 35, 58, 59, 74, 75, 126.

Gracieuse, à M. Ducreux, 40, 40, 137.

Graciosa, ex-Topsy, p^e bb., 4 ans, par Father-Thames, à M. H.A. Blount, 169, (170).

Grande-Puissance, p^e n., 2 a., p. The-Nabob et The-Abbess, à M. A. Schickler, 91, 136, 138.

Grand-Sully, pn al., 3 a., par Loadstone, et Lola-Montès, à M. W. Carter, 32, 33.

Grey-Peter, h. gr., à M. J. Anderson, 60, 151, 151, 152, 163, 163, (164).

Griselda, jt b., âgée, par Palomo, à M. J. Ortegat, 171, (173), (174), (178), 178, 179, 180, 187.

Grisette, jt gr., âgée, par Manfred, à M. le baron de Molembaix, 174, 174, 180, (181), 187.

Grippe-Sou, pn b., 3 a., p. Sting et Demi-Fortune, à M. Wm Guestier, 4, 6, 110, 118.

Grog, h. b., âgé, par Ascot, à M. Ribettes, 2.

Guillerette, p^e b., 3 a., p. Brandy-Face et Musette, à M. D. Loussert aîné, 43, 44.

Gustave, pn bb., 4 a., par Lanercost et Bounty, à M. le baron N. de Rothschild, 11, 14, (33), 122.

H

Hamdani, à M. Hancy, (39).

Happy, ch. bb., 6 a., à M. de Fallot, 193.

Harry, h. al., âgé, à M. le comte de Cos-

I

J

La-Filleule, pᵉ bb., 5 a., p. Ion, à M. H. Mosselman, 12, 16, 17.

La-Galeuse, jt b., âgée, à M. Bonnet, (40), 137.

La-Vapeur, pᵉ b., 3 a., p. The-Baron et Widloch, à M. le baron Nivière; (24), 24, (39), (40).

Laudanum, h. bb., 6 ans, par Poynton, à à M. le vicomte A. Talon, 148, 171 (185), 187, 194, 195.

Le-Cèdre, pn bb., 3 a. p. The-Baron et Alice, à M. le baron E. Daru, 35, 48, 82, 83, 177, 180.

Le-Duc-Job, pn bb., 2 a., p. Lanercost et Alexandra, à M. le comte F. de Lagrange, 120, 125.

Leporello, h. bb., âgé, à M. Douterluigne, 187.

Leuilly, h. al., 6 a., p. Caravan, à M. le prince M. de Croy, 181.

Lézard, à M. Heimburger, 107.

Léviathan, à M. O. Tiberghien, 184, 185.

Lia, pᵉ 4 a., à M. le baron de Saint-Symphorien, 175, 179.

Light, ch. b., 5 a., p. The-Prime-Warden et Balaclava, à M. le baron Nivière, (72), 80, 117.

Lignières, pn bb., 3 a., p. Brocardo et Gringalette, à M. le vicomte E. de Baracé, 49, 50, (62).

Lilas, pᵉ al., 3 a., p. Elthiron ou Festival et Loïsa, à M. H. Delamarre, 10, 17, 19, 33, 39, 58, 61, 73, (75), 103, 104, 121, (127).

M

Quand-Même et Achaïa, à M. A. Basly, 73, 79, 100, (109).

Mlle-de-Liernohle, p^e b., 4 a., à M. Trépied, 92.

Mlle-de-Sirvenon, p^e b., 3 a., p. Ionian et Miss-Exile, à M. F. Régis, 58, 59, 111, 112.

Mlle-d'Estaing, jt b., 5 a., par Curé, à M. Geneste, (43), 43.

Mlle-Jenny, p^e b., 4 a., p. Nunnykirk et Start, à M. A. Robert, (4), 6, 39, 41, (42), 53, 56, 68, 60, 66, 67, 112, 117, 119, 130.

Mlle-Viraguet, p^e b., 3 a., p. Nuncio et Silistrie, à M. T. Régis, 53, 54.

Malakoff, 4 ans, 161, 161.

Magenta, pu al., 3 a., à M. Branthôme, 27, 81.

Magister, pn b., 4 a. p. Pédagogue et Panacea, à M. J. Verry, 117.

Manola, jt bb., 5 a., p. The-Baron et Cassandra, à M. J. Reiset, 99, 109.

Manche-à-Balai, pn b., 4 a., p Faugh-a-Ballagh et Lady-Charlotte, à M. Fasquel, 122.

Marcoussis, ch. b., âgé, par Beggarman, à M. P. Boutton, 54.

Margarette, 4 a., (161).

Maria, p^e al., 3 a., p. Womersley et Miss-Flora, à M. A. Fould, 22, 37, 37, 94.

Maria, à M. Sénès aîné, 137.

Marinette, p^e, p. Croque-en-Bouche, à M. Caugant, 94, 96.

Marmiton, h., à M. J. de Saint-Vallier, 108.

Marocain, à M. Coronado, 92.

Martha, p^e b., 3 a , par Father-Thames et Margaret, à M. le comte F. de Lagrange, 17, 19, (28) ; à M. le comte de Morny, 74, (108), 127.

Martinette, p^e bb., 4 a., p. Caravan et Héritage, à M. Lavech, 26, 50, 51, 77.

Mauchline, h. b., 6 a., à M. de La Motte [et associés, 185.

Mazarin, pn b., 4 a., p. Horace, à M. Cadiou, 55.

Médaille, p^e b., 3 a., p. Saint-Germain et Médora, à M. le prince E. de Beauvau, 3, 9, 53.

Mémorial, pn b., 4 a., p. Ionian et Ursule, à M. du Garreau, 5, 5, 7, 36, 37, 111, 112.

Mendosse, jt bb., 6 a , à M. Bernard, 39, 137.

Mentor, h. al., âgé, à M. O. du Roy, (174), 178, 181, 184, 187.

Merlette, p^e al., 3 a., p. The-Baron et Cuckoo, à M. Lupin, 15, 21, 29, 48, 99, 105, 122.

Merlin, pn b., 4 a., p. Sting et Margaret, à M. A. Fould, (5), 8, (58), 59, (94), (111), 112.

Mers-el-Kébir, à M. le marquis de Langle, 116.

Michelet, pn b., 2 a., par Womersley et La-Michelette, à M. le comte de Choiseul, 133.

Minos, pn b., 3 a., p. Sting et Margaret, à M. Fould, 4, 7, (9), (23), 24, 36, 57, 58, 65, 65, 93, 95, 110, (118).

Minouche, jt b., 6 a , p. The-Baron, à M. Th. Carter fils, (46), 60, 67, 141, 142, 144.

Mirabelle, jt gr., à M. d'Avaucourt, 101.

Novella, pᵉ al., 3 a., par Ion ou Cossack et
   Quiz, à M. le comte de Morny, 10, 15.
Numa, h. b., 4 ans, à M. Nicolas, (56), 63,
   64, 70, 152, (155), 156.
Nuncia, jt b., 5 a., p, Nuncio et Fatima, à
   M. le comte F. de Lagrange, (61), (82), 93,
   75
Nuncia, pᵉ bb., 3 a., à M. Jeanot, (149).

O

Oberon, pn b., 3 a., p. Collingwood et Bo-
   hémienne, à M. le comte de Bony, 110, 111,
   118.
Oberon II (ex-le-Roi-Réné), pn b., 3 a , p.
   Iago et Batwing, à M. J. Reiset, 18, 29,
   34, 48, (50), 51, (61), (67), 71. (83), 87,
   125, 128, 134, (136), 139.
Octava, jt bb., âgée, à M. Power, (2), (55),
   (145), (147), 149, (151), (154).
Odette, jt b., âgée, à M. Lavergne, 112.
Orlandino, pn al., 4 a., p. Teddington et
   Hopeless, à M. J. Verry, 12, 119, 189.
Orthos, pn bb., 3 a., p. Aguila et Uranie, à
   M. le comte A. Des Cars, 22, 25, 26.
Oscar, 90.

P

Pacha, h. b., âgé, à M. A. de Lignières, 133,
   147, 150, 157, (159), 166, (167), (167), 168,
   (171).

Paddy, h. al., âgé, par Tearaway, à M. H. Gibson, 140, 142, 143.

Paddy-Boy, 145, (146), 146.

Page, ch. bb., 6 a., p. Elthiron ou Eoline, à M. H. Lamplugh, 12, 108, 131, 132.

Palaiseau, pn n., 3 a., p. Fantome et Topaze, à M. le baron Nivière, 15, 73, (75), (79), 80, (175), 177.

Palestro, pn b., 3 a., p. Fitz-Gladiator et Lady-Saddler, à M. le comte F. de Lagrange, 18, (20), (25), (27), (48), (58), (121), (123), 192.

Pamplemousse, pn bb., 3 a., p. Festival et Contessa, à Mme Latache de Fay, 11, 14, 18, 20, 30, (34), 45; à M. J. Teisseire, 99, 107, (123); à M. Fasquel fils, 124, 131, 131.

Panique, p^e b., 3 a., p. Alarm et Caveat, à M. J. Reiset, 11, 30, 35, 45, (50), 84, 123, (126), (139), (178), (179).

Papillotte, jt b., 5 a., p. Gladiator et Agar, à M. H. Delamarre, 9, 20, 33, 173.

Paratonnerre pn b, 2 a., p. Collingwood et Ymone, à M. A. Schickler, 120.

Partisan, pn b., 2 a., p. Launcelot et Partlet, à M. le comte de Morny (91), (120), (124), 125, (190).

Passiflore, p^e bb., 3 a., p. Assault et Anémone, à M. le baron Nivière, (12), 30, (33); à M. H. A. Blount, (44), 46, 68, (72), 93, 103 108, 127, 129, 129; à M. le baron Nivière, (144).

Patrician, pn n., 2 a., p. Womersley et Quinine, à M. Th. Carter, 120, 125.

Paulette, jt gr., âgée, par Albatros, à M. Borda,
    145, (146), 151, 154.
Pauvre-Hère, pn b., 4 a., p. Y.-Lanercost et
    Drill, à M. H. Delamarre, (13), 16, 19, 20,
    (59), 68, (84), (90), 118, 179. 191.
Pauvre-Mignon (ex-Angelo), pn b., 4 a., p. Fitz-
    Gladiator et Nativa, à M. P. Demidoff, 116,
    133.
Peau-Rouge, pn b , 3 a., p. Morok et Ymone,
    à M. Schickler, 12, 21, 67, 72, 134.
Péché-Mignon, pn b., 3 a., p. Pédagogue et
    Rachetée, à M. J. Verry, 39.
Péniche, p^e b., 3 a., p. Collingwood et Yole,
    à M. P. de Vanteaux, 65.
Pensez-à-Moi, p^e b., 2 a., par The-Baron et
    Theon-Mare, à M. Porte, 121, 133.
Perle-Fine, p^e b., 4 a., p. Caravan et The-
    Probe, à M. le vicomte E. de Baracé, 23, 49,
    51, (63), 74, 85, 98, 115, 116.
Périlleux, pn b., 3 a., p. Iago ou Caravan et
    Emilius-Mare, à M. le vicomte R. de Che-
    mellier, 22, 27, 49, 51, 87, 88.
Petite-Bière, p^e b., 3 a., p. Fantasio, à M. O.
    Tiberghien, 83, 171, 175, 179, 184, 185,
    187.
Petit-Prodige, pn b., 3 a., p. Allez-y-Gaîment
    et Lady-Charlotte, à M. Fasquel, 16.
Peu-de-Chance, pn al., 4 a., p. Iago et Olniga,
    à M. J. Robin, 22, (24), 26, (27), 49, (51),
    (62), 74, 76, (85), 87, 105, (115), (115), 130,
    134, 135, (138).
Pharaon, ch. al., âgé, p. Gladiator ou Nauti-

Poésie, p^e b., 3 c., p. Lamartine et Bonita, à M. Lupin, 1, 3, 4, 7; à M. Wm P. Smith, 65, 94.

Polichinelle, pn al. 3 a., p. The-Prime-Warden ou Caravan et Verveine, à M. J. Boutton, 6, (62), 85, 87, (88), (88), (98), 99, 101.

Pollux, h. b., âgé, par Napier, à M. Capdevielle, 55, (145), 145, 146, (149), 149, 151, 154, 158.

Polygone, h. b., agé, p. Caravan, à M. C. Bray, 46, (48), 60, (77), (81), (101), (153), (166), (166), 193.

Pomponne, à M. Lebuffe, 100.

Porte-Respect, jt b., 5 a., p. Pédagogue et Ianthe, à M. H. Cartier, 13, 17, 28, 31, 44, 46.

Pourquoi-Pas? pn b., 3 a., p. Little-Woful et Pretendante, à M. P. de Vanteaux, 4.

Prétendant, pn b,, 4 a., par Faugh-a-Ballagh et Prédestinée, à M. le baron Nivière, (11), (14).

Pretty-Girl, jt b., âgée, à M. A. Boulez, 181.

Priamess, jt b., 5 a., à M. Braquety, 127.

Prince-Noir, demi-sang, à M. le marquis de Croix, 89.

Princesse-de-la-Paix, jt b., 5 a , p. Gladiator et Gringalette, à M. L. Herbin, 6, 26, (42), 48, 68, 71, 84, 101, 104, 105, 124, 132, 171 179.

Princesse-Royale, p^e al., 3 a., p. Dick-Hatteraick et Amesbury-Mare, à M. A. Schickler, 10, 17, 19, 29, 45, 47, 67, 103.

S

à M. D. Caillé, (22), (24), (25), 38, 51, (83), (87), (99), (105), (127).

Saint-Crépin, ch. bb., 5 ans, p. Ruy-Blas, à M. Miorsec, 97, 97.

Saint-Mark, h. b., âgé, p. Jérémie-Diddler, à M. Bandman, 194.

Saint-Paixent, pn b., 2 a., p. Aguila et Biche, à M. J. Robin, 98.

Sans-Façon, 146, 147.

Sans-Gêne, jt b., âgée, à M. Vizzani, (76).

Sans-Vanité, pn b., 3 a., p. Sting et Thérésina, à M. A. De Monts, 2, 3, 4, (57), 65, (95), 111.

Sauvagine, pᵉ b., 4 ans, p. Ion et Cuckoo, à M. Lupin, 45, 47, 124.

Scaramouche, pn b., 3 a., p. Lanercost et Little-Fawn, à M. J. Reiset, 10.

Schimmel, jt gr., âgée, p. Oméga, à M. Ch. Lapp, (107).

Sélim, 5 a., p. Napier, à M. A Fould, 43, 43, (53), 54, 55, 57, 60.

Solange, pᵉ b., 3 a., p. Hernandez et Miss-Lot, à M. le baron Nivière, 20, (36), 38, (57), 58, 59, 65, 66, (81), 81, 94, 95, 103, 111, 119.

Souvenir, pn bb., 2 a,, p. Womersley et Emilia, à M. J. Robin, (98).

Spitfire, âgé, à M. Wheelwright, 174.

Stella, jt b. âgée, p. Sting, à M. J. Labattut, 30, 42, (137).

Stina, à M. Prunet, 125.

Stradella, pᵉ n., 2 a., p. Father-Thames ou

Cossack et Creeping-Jenny, à M. le comte
F. de Lagrange, 121, (125).
Surprise, pᵉ b., 4 a., p. Fitz-Gladiator et
Gringalette, à M. le baron Nivière, 11, 14,
31, 72, (120), (122), (125), (128).
Surprise, jt b., âgée, p. The-Prime-Warden
et Vision, à M. J. Boutton. (27), (60), 77, (87),
(89), (140), (142), (148), 163, 168, 171.
Sylvio, pn b., 4 a., p. Carry-Owen et Maï-
nada, à M. Capdevielle, 3, 5, 8, 8, 40, 5.,
94.

T

Talma, âgé, p. Horace, 1/2 s., à M. P. Le Gall,
(97), (98), (113), (113), (114), (116).
Tamara, pᵉ b., 3 a., p. Cossak et Cingara, à
M. Capdevielle, 41, (45), (55), 95, 110.
Tam-Tam, pn b., 3 a., p. Iago et Clarion, à
M. A. Schickler, 61, 74, 76.
Tapageur, pn bb., 3 a., p. Ion et Fracas, à
M. le baron E. Daru, 16, 29, 44, 47.
Tard-Venu, ch., 5 a., à M. C. Bains, 6, 8.
Tartarie, pᵉ al., 3 a., p. Cossack et Diggory-
Diddle, à M. Fasquel, 29, 33.
Tersine, jt b., 5 a , p. Ion, à M, A. de Bou-
sies, 173, 178, 179.
The-Colonel, âgé, par MM. de La Motte et
Associés, 148, (150), (158), (165), 194.
The-Huntsman, ch. bb., âgé, par Tupsley, à
MM. de La Motte et Associés, (147).
The-Premier, h. b., âgé, à M. Talbot, 163.

153, 157, 160 (160), (162), 165, (167), 187.
194, (195).

Trente-et-Quarante, ex-Waterloo, à M. le duc de Caderousse-Gramont, 168, 170, 171, 187, 194.

Trente-et-Un, ch. b., âgé, 1/2 s., à M. Janet-Lasfond, 23.

Tristan, pn b., 3 a., p. Liverpool et A-Propos, à M. J. Robin, 86.

Triste-mine, jt b., âgée, à M. D. Loussert aîné, 44, 149.

Trustiness, pe b., 2 a., p. Womersley et Trust, à M. J. Teisseire, 125.

Trustworthy, h. b., 5 a., p. Ion, à M. Wm Carter, 108, 141, 143, 144, 167.

U

Ulysse, ch. b., 5 a., p. Ulysse et Juliana, à M. Legoff.

Union-Jack, pn al., 4 a., par Cobnut et Estrella, à M. E. Carter, 190, 191.

V

Werberie, pn b., 2 a., par Allez-y-Gaiement et Needle, à M. J. Verry. 190.

Wert-Galant, ch. al., âgé, p. The-Baron et Fair-Helen, à M. le marquis de Poncins, 92, 101.

Westra, jt bb., 5 a., à M. Jackson, 141, 143, 144.

Wevrotte, jt b., 5 a., p. Loadstone, à M. H.

de Buisseret, 173, (175), 176, (178), (179), 181, (182), 183, (184).

Vexin, pn al., 4 a., p. Elthiron ou Festival et Ruthful, à Mme Latache de Fay, 10, 12, 61, 109, 171.

Vicar, ch. b., 5 a., p. Castor et Victorine, à M. Ashman, 28.

Victoria, jt, âgée, à M. le marquis de Poncins, 101.

Victorine, p^e b., 3 a., p. Napier et Y-Lady, à M. de Séguineau-Lognac, 4, 6, 118.

Victor, h. al., 6 a., p. Garry-Owen, à M. Capdevielle, 171.

Vingt-Mars, pn bb., 3 a., p. Faugh-a-Ballagh et Lady-Crompton, à M. Basly, 75, 99.

Violette, p^e bb. 4, a., p. Ion et Launcelot-Mare, à M. le comte de Morny, 92, 93, (120), (124), (190), 192.

Viroflay, pn b., 4 a., p. The-Baron et Cosachia, à M. le comte de Morny, 12.

Volontaire, à M. Fabre, 42.

W

Wasp, pn n., 4 a., par Sting et Brown-Fanny, à M. P. Prunet, 145, (146), (146), 147; à M. de Louvencourt, 148.

Waterloo, h. b., 4 a., à M. Branthôme, 25, (26), 28.

Waterloo (ex-Trente-et-Quarante), h. bb., âgé, à M. le duc de Caderousse-Gramont, 162.

X

Y

Z

Zig-Zag, pn al., 2 a., p. The-Baron et Cingara, à M. le comte de Morny, 91, 92.
Zut, jt bb., 6 a., p. Ion, à M. J. Robin, 50, 69, 69, (97).

FIN

Paris. — Typ. Morris et Comp., 64, rue Amelot.

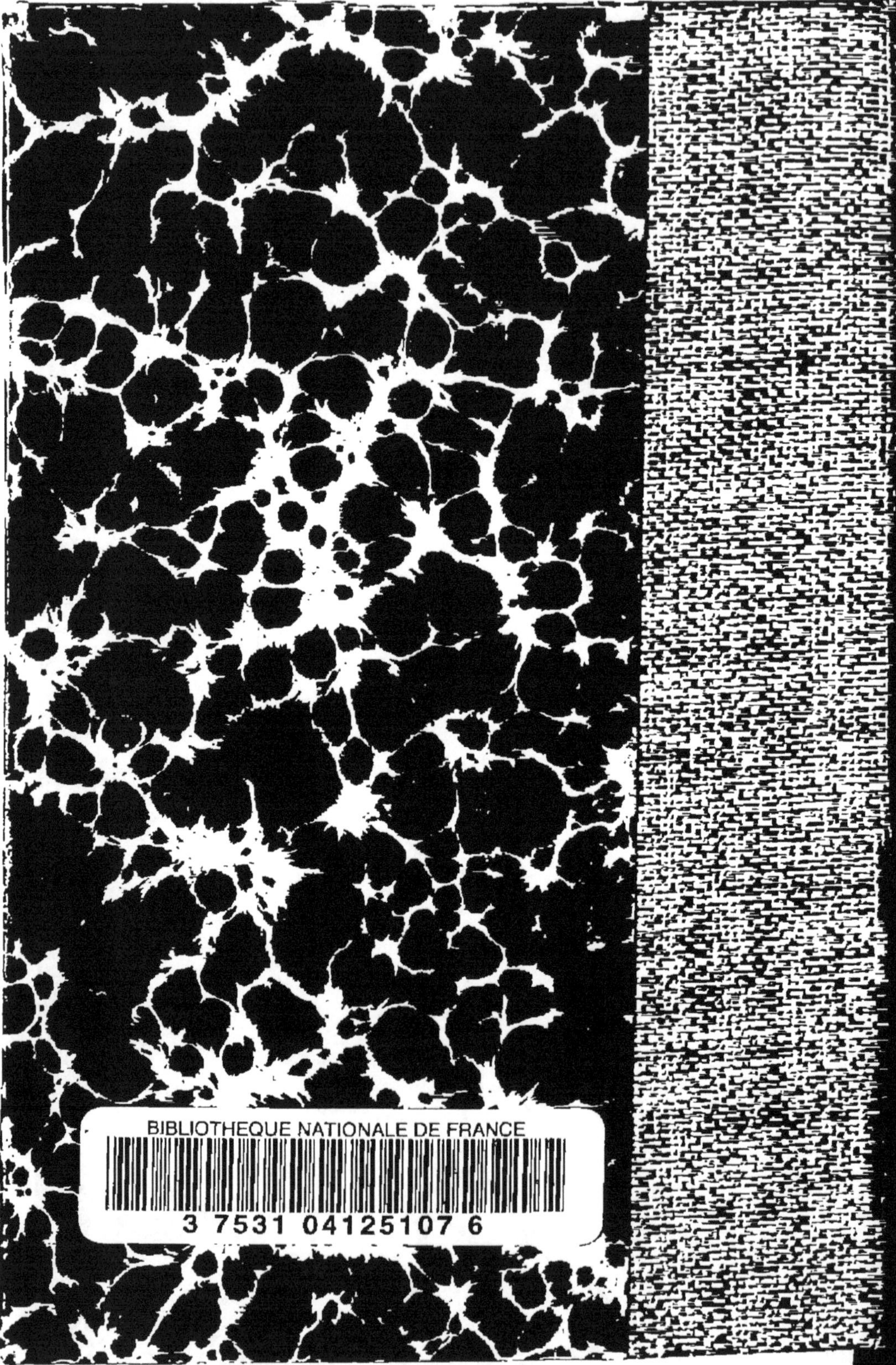
BIBLIOTHEQUE NATIONALE DE FRANCE
3 7531 04125107 6

www.ingramcontent.com/pod-product-compliance
Ingram Content Group UK Ltd.
Pitfield, Milton Keynes, MK11 3LW, UK
UKHW021507090726
13657UKWH00001B/92